Alles für die Hochzeitsfeier

Kerstin Weidlich-Huth

Alles für die Hochzeitsfeier

Wie das schönste Fest gelingt

Bibliografische Information der Deutschen Bibliothek
Die Deutsche Bibliothek verzeichnet diese Publikation in der Deutschen Nationalbibliografie; detaillierte bibliografische Daten sind im Internet über http://dnb.ddb.de abrufbar

Urania Verlag
in der Verlagsgruppe Dornier GmbH
Postfach 80 06 69, 70506 Stuttgart

www.urania-verlag.de
www.verlagsgruppe-dornier.de

Fotos: Gertie Burbeck, Mönchengladbach, die Autorin (S.55)
Scherenschnitte: Uta Kanzow, Neumünster
Umschlaggestaltung: Behrend & Buchholz, Hamburg
Umschlagbild: © zefa/Grace
Gestaltung und Satz: AS Satz & Grafik, Berlin
Druck: Westermann Druck GmbH, Zwickau

ISBN 3-332-20701-6

Inhalt

Vorwort

Grüne, Silber- und Goldene Hochzeiten sind ganz besondere Ereignisse im Leben. Sie sollten über das Fest hinaus zu einem unvergesslichen Erlebnis für alle Beteiligten werden.
Dazu trägt vor allem das Rahmenprogramm bei. Es wird in den meisten Fällen von den Festgästen gestaltet – von Verwandten, Geschwistern, Freunden oder Kollegen. Ihnen, liebe Leser, soll dieses Buch Anregungen für Ihre Feier geben – die individuelle Gestaltung bleibt natürlich Ihnen überlassen!
Ein Tipp vorweg: Es ist hilfreich, das Festprogramm mit den Mitwirkenden und -feiernden abzustimmen. Dadurch vermeiden Sie, dass ein Programmpunkt vielleicht doppelt vorbereitet wird oder die vielen Programmpunkte nachher aus Zeitmangel gar nicht mehr voll genossen werden können. Und das wäre doch schade. Meistens weiß die Brautmutter am besten über die Gestaltung und den Verlauf der ganzen Feier Bescheid. Manchmal ist auch ein jüngerer Verwandter der Koordinator des Festprogramms. Mit ihm sollten Sie sich vor der Feier in Verbindung setzen. Haben Sie keine Angst, dass Ihnen damit die Überraschung vermasselt wird. Der Koordinator braucht nur zu wissen: Drei Freunde wollen einen Sketsch aufführen, sie brauchen einen Tisch und zwei Stühle und Musik vom Tonband, und ihr Sketsch dauert acht Minuten.
Dieses Buch entstand aus einer ganz persönlichen Erfahrung heraus: Bei meiner eigenen Hochzeit und bei den Hochzeits-

feiern von Freunden stellte ich fest, dass es schwer fiel, ein lustiges Festprogramm zusammenzustellen. Die Anleitungen, die ich fand, gefielen mir nicht, und was mir gefiel, musste ich mir sehr mühsam zusammensuchen. An dieser Stelle möchte ich mich herzlich bei meinem Mann Jörg und bei meinen Eltern Monika und Dr. Erhard Weidlich bedanken, die mich bei der Vorbereitung und beim Schreiben dieses Buches tatkräftig unterstützten.

Viel Freude bei der Vorbereitung Ihres Festes wünscht Ihnen

Kerstin Weidlich-Huth

Hochzeitsbräuche

Jede Region hat ihre althergebrachten Hochzeitsbräuche. Viele haben ihren Ursprung in heidnischen Mythen und Vorstellungen: Man wollte böse Dämonen und Geister vertreiben, die das Glück des Brautpaares stören könnten. Offenbar ging man davon aus, dass diese Geister auf dieses Glück neidisch wären. Deshalb spielt das Verstecken und Verbergen des Brautpaars eine wichtige Rolle, andererseits auch die Ausstattung mit Glück bringenden und schützenden Symbolen, z. B. der Farbe Rot.

Böse Geister neiden das Glück der Brautleute!

Ein zweiter Grundgedanke vieler Hochzeitsbräuche ist die Fruchtbarkeit. Es war selbstverständlich, ein junges Ehepaar als künftiges Elternpaar anzusprechen, und reicher Kindersegen galt als uneingeschränkt wünschenswert.

Im Folgenden stelle ich Ihnen eine Auswahl solcher überlieferter Bräuche dar, die bei einer grünen Hochzeit wieder belebt werden können – heute vielleicht nicht, um Geister zu vertreiben und Fruchtbarkeit heraufzubeschwören, sondern ganz einfach, um den Brautleuten und ihren Gästen Spaß zu machen.

Bräuche vor der Hochzeit

Der Hochzeitslader

Der Hochzeitslader, je nach Region auch Gästebitter oder Zeitvertreiber genannt, lud früher die Gäste zur Hochzeit ein. Dabei ging er in einem festlichen Gewand von Haus zu

Haus und trug ein Gedicht oder eine witzige, kurze Ansprache vor. Meistens war er ein guter Freund des Brautpaares oder der Brauteltern, es gab jedoch auch professionelle Hochzeitslader.

Auch während der Hochzeitsfeier trat der Hochzeitslader in Funktion. Er sorgte für einen reibungslosen Verlauf. Er war mit allen Bräuchen vertraut und unterhielt die Gäste mit Reimen und Liedern. In vielen Gegenden war er zugleich Organisator, Spaßmacher und Sittenwächter. Sein »Amtszeichen« war ein Stock, der mit vielen bunten Bändern geschmückt war.

Auch heute gibt es noch professionelle Hochzeitslader. Sie treten zwar nicht in dieser würdevollen Kostümierung auf, aber sie helfen wie einst beim Organisieren der Hochzeit.

Schräppeln

Zum Schräppeln versammelt sich eine fröhliche Runde meist junger Leute, einige Tage oder auch Wochen vor der Hochzeit. Unbedingt dabei sein müssen: der Bräutigam, die beste Freundin der Braut, deren Patin und der Hochzeitslader.

Kernstück dieser Veranstaltung: Die Freundinnen der Braut basteln bunte Blumenkränze und Girlanden, die sie mit roten Taschentüchern schmücken. Die Farbe Rot soll die bösen Geister abwehren. In manchen Gegenden werden auch Tannenkränze mit weißen Blumen und Myrte geschmückt. Die Myrte – früher der Liebesgöttin Venus geweiht – symbolisiert Lebenskraft und Gesundheit.

Der Hochzeitslader soll dazu ein Tischtuch für den neuen Hausstand mitbringen.

Die Ähnlichkeit des Schräppelns mit unseren modernen Junggesellen-Abschieden oder auch dem traditionellen Polterabend ist unverkennbar. Vielleicht lassen Sie den alten Brauch in diesem Rahmen wieder aufleben?

Das Brautkleid

Die Braut darf das Brautkleid nicht selber nähen, denn das bringt Unglück.

Dieser Aberglaube entstand folgendermaßen: Der Bräutigam musste normalerweise das Kleid bezahlen. Wenn er nicht das Geld dazu hatte, blieb der Braut nichts anderes übrig, als das Kleid selber zu nähen. Die Armut des Bräutigams galt als Unglückszeichen für die Ehe – das können wir vielleicht nachfühlen ...

Ein alter englischer Brauch besagt, dass die Braut »something old, something new, something borrowed, something blue« tragen soll. Dabei symbolisieren das Alte und das Neue den Übergang vom ledigen in den verheirateten Zustand. Das Geliehene soll Glück bringen und die Farbe Blau steht für Dauerhaftigkeit.

Das Alte ist oft der Brautschleier der Mutter, das Neue das neu erworbene Brautkleid, das Geliehene ein Schmuckstück von der Mutter und das Blaue ein Strumpfband.

Die Brautschuhe sollen von der Braut Pfennig für Pfennig zusammengespart werden – in ländlichen Gegenden war diese Sitte zwingend. Der Bräutigam und die Hochzeitsgäste konnten am Wert der Schuhe erkennen, ob die Frau fleißig gespart hatte und somit eine tüchtige Hausfrau werden würde.

Schon in der Antike trug die römische Braut einen Schleier, allerdings in feurigem Rot. Von den Christen wurde er zum Symbol der Jungfräulichkeit gemacht. Er sollte die Braut ver-

stecken und vor bösen Geistern schützen – manchmal, so sagten böse Zungen, schützte er den Bräutigam gleich mit, indem er einen unvorteilhaften Anblick gnädig verhüllte.
In diesen Zusammenhang gehört sicher auch die folgende Sitte: Der Bräutigam darf das Kleid nicht vor der Trauungszeremonie sehen.
Der Brautstrauß muss vom Bräutigam besorgt werden, die Braut soll ihn erst am Altar bekommen. Heute soll es allerdings ganz verflixt moderne und emanzipierte Bräute geben – die suchen ihre Blumen selber aus!

Bräuche um die Trauung

Brautjungfern und Brautführer

Das Hochzeitspaar erscheint im Kreis von Brautjungfern und Brautführern, den Freundinnen und Freunden oder auch jüngeren Geschwistern oder anderen Verwandten des Paares. Diese jungen Paare gehen im Hochzeitszug ganz vorn, denn die bösen Geister sollten das Brautpaar nicht gleich entdecken.

Die Braut soll sich tarnen.

Die Brautjungfern tragen häufig in Form und Farbe einheitliche Kleider oder auch Kleider von gleichem Schnitt in unterschiedlichen, aufeinander abgestimmten Farben. Auch das hatte seinen Sinn: Die Geister sollten nicht gleich erkennen können, wer die nächste Braut sein würde.
Gleich gekleidete Brautjungfern machen natürlich Ihren Hochzeitszug besonders prächtig. Falls Sie diese hübsche Sitte übernehmen wollen, müssen Sie unbedingt rechtzeitig planen und Bescheid sagen – sonst hat eine der jungen Damen sich schon in Unkosten gestürzt und möchte das selbst erworbene Festkleid natürlich auch anziehen. Ebenso wichtig: Es muss eindeutig feststehen, wer für die Kosten aufkommt.

Steuern des Hochzeitsautos

Der Bräutigam darf nicht ans Steuer des Hochzeitsautos! Dieser Brauch ist sicher neu und wurde erfunden, damit kein nervöser Bräutigam einen Unfall verursacht.

Regen am Hochzeitstag

Der Volksmund behauptet: »Wenn es regnet am Altar, bringt das Glück für viele Jahr'.« Oder auch schlichter: »Es muss in den Brautkranz hinein regnen.« Das war eine Weisheit der Agrargesellschaft, denn für die Landwirtschaft bedeutete Regen einen hohen Ertrag.

Wenn es bei der Hochzeit regnete, sollte dies Segen bringen, wobei wohl weniger an Geldsegen als an Fruchtbarkeit gedacht wurde.

Kindersegen gehört dazu.

Spalier stehen

Freunde der Braut oder des Bräutigams stehen vor der Kirche Spalier und lassen das Brautpaar durchgehen. Falls einer der beiden Mitglied in einem Verein ist, werden oft Dinge hochgehalten, die die Vereinsmitgliedschaft symbolisieren, z. B. Tennisschläger.

Diese Sitte hat wahrscheinlich einen kriegerischen Hintergrund: Bei den Hochzeiten von Offizieren standen die Angehörigen der Einheit Spalier und ließen die frisch Vermählten unter den gezogenen Degen hindurchziehen.

Blumen streuen

Beim Auszug aus der Kirche gehen kleine Kinder vor dem Brautpaar her und streuen Blumen. Dieser ursprünglich heidnische Brauch hat wieder mit der Fruchtbarkeit zu tun: Die Ehe sollte glücklich und kinderreich werden.

Auch hier sieht es natürlich besonders hübsch aus, wenn die Kinder einheitlich oder wenigstens in derselben Farbe angezogen werden. Wenn Sie so etwas vorhaben: rechtzeitig planen, Bescheid geben, die Kostenfrage klären!

Reis werfen

Von alters her bewirft man in Asien Frischvermählte mit Reiskörnern, ein Zeichen der Fruchtbarkeit, die man dem Paar wünscht. Heute ist das in Deutschland ebenfalls häufig zu sehen, wenn Paare aus der Kirche oder aus dem Standesamt kommen. Wir haben diesen Brauch erst in den letzten Jahrzehnten aus den USA übernommen. Da Reis jedoch für

viele hungernde Völker ein wichtiges Nahrungsmittel ist, geht man vielfach wieder davon ab und streut stattdessen Konfetti.

Seil spannen

Freunde des Bräutigams spannen ein Seil vor das Kirchenportal. Wenn der Bräutigam darübersteigen will, muss er sich freikaufen. In vielen Gegenden hält ein quer über den Weg gespanntes Seil den Hochzeitswagen nach der Trauung auf. Das junge Paar wirft Geldstücke aus dem Wagen und kauft sich damit frei.

Das Seil sollte ursprünglich den Dämonen, die das Brautpaar bedrohen, den Weg versperren. Mit dem Geld bedankte man sich bei den Freunden, die den Dämonen so tapfer die Stirn geboten haben.

Auf den Fuß treten

Es gab eine alte Sitte, dass der Bräutigam seiner jungen Frau nach der Kirche auf den Fuß tritt, um sich das Regiment in der Ehe zu sichern.
Von diesem Brauch wird heute im Rahmen der Gleichberechtigung kein Gebrauch mehr gemacht! Sollte es trotzdem vorkommen, gehen wir davon aus, dass es sich um ein Versehen handelt.

Durch ein Herz gehen

Aus einem weißen Betttuch wird ein großes Herz herausgeschnitten. Nach der kirchlichen oder standesamtlichen Trauung halten zwei möglichst hoch gewachsene und kräftige Freunde das Tuch hoch, und der Bräutigam trägt die Braut durch das Herz. Das soll Glück bringen. Sicher ist, dass es allen Beteiligten Spaß macht!

Holz sägen

Dieser Brauch stammt aus waldreichen Gegenden und ist hauptsächlich in Süddeutschland verbreitet. Nach der kirchlichen oder standesamtlichen Trauung wird ein Sägebock mit einem Holzstück aufgestellt, und das Paar muss dieses Holzstück mit vereinten Kräften durchsägen.
Manchmal legt man dem Brautpaar sogar einen dicken Baumstamm in den Weg, den es dann in der Mitte durchsägen muss.
Das Holzsägen symbolisiert die gemeinsame Überwindung von Hindernissen – eine Notwendigkeit in jedem Eheleben. Trotzdem: An diesem Tag sollte man es dem Brautpaar nicht allzu schwer machen. Vielleicht sägt man den Baumstamm schon ein bisschen an?

Bräuche während der Hochzeitsfeier

Brautschuh versteigern

Der Brautschuh wird an den Meistbietenden versteigert – eine Talentprobe für den Hochzeitslader oder einen zungenfertigen Freund des Brautpaars, dessen Kasse durch den Erlös der Versteigerung aufgefüllt wird.

Brautschuh füllen

Jemand entwendet der Braut heimlich einen Schuh und füllt ihn mit Blumen. Daneben wird ein Glas Wein gestellt, das die Brautleute gemeinsam austrinken müssen. Dieser Brauch soll die Gesundheit des Brautpaares erhalten.

Brautentführung

Raue Sitten von einst.

Dieser Brauch stammt aus dem finsteren Mittelalter, und er hatte manchmal sicher auch etwas Finsteres. Damals konnten junge Männer durch Raub eines Mädchens die Zustimmung des Brautvaters zur Hochzeit erzwingen. Teilweise ließen sich die jungen Mädchen sicher ganz gern rauben. So konnten sie vielleicht einem Heiratskandidaten entfliehen, den ihr Vater für sie ausgesucht hatte. Es gibt aber auch Berichte von Gewaltaktionen, bei denen den jungen Frauen geschadet wurde.

Etwas Raues haftet dieser Sitte immer noch an, und es soll auch vorkommen, dass der Festverlauf durch sie empfindlich gestört wurde, weil die Entführung allzu großen Raum einnahm und zu wenig Zeit für anderes blieb, auf das man sich gefreut hatte.

Heute entführen während der Feier Freunde des Bräutigams die Braut, während andere die Aufmerksamkeit des Bräutigams ablenken. Das verschafft ihnen den notwendigen Vorsprung. Sie bringen die Braut mitunter nur in ein Nebenzimmer des Festlokals, oft aber auch in ein anderes Restaurant. Der Bräutigam versucht, seine junge Frau so schnell wie möglich zu finden. Seine Eile ist nicht allein ein Zeichen von Liebe: Er muss nämlich alles, was in seiner Abwesenheit konsumiert worden ist, bezahlen.

Oft muss er die Braut auslösen, indem er sich auf einen Stuhl kniet und seiner Frau verspricht, ihr in Zukunft drei Wünsche zu erfüllen.

Kranz abtanzen

Die Braut tanzt mit geschlossenen Augen, und die Männer bilden einen Kreis um sie. Das Durchbrechen des Kreises symbolisierte den Abschied von der Jungfräulichkeit. Die unverheirateten Frauen versuchen, ein Stück von ihrem Schleier zu erwischen. Wer in alten Zeiten nichts abbekam, war zur Ehelosigkeit verdammt – damals sicher kein leichtes Schicksal!
Für alle, die einen durch Familientradition vererbten oder besonders kostbaren Schleier haben, gilt: Man sollte für diesen Brauch einen billigen Ersatzschleier bereithalten.

Schleier abtanzen

Hier geht es darum, scherzhaft diejenige Frau zu ermitteln, die als Nächste heiratet. Die Braut löst um Mitternacht ihren Schleier und nimmt ihn in die Hand. Man verbindet ihr die Augen und die unverheirateten Damen tanzen um sie herum. Die Braut muss versuchen, eine von ihnen fest zu halten und ihr den Schleier aufzusetzen. Diese Frau wird als Nächste heiraten.

Brautstrauß werfen

Der Brautstrauß wird am Ende der Hochzeitsfeier als Orakel verwendet. Alle unverheirateten Frauen stellen sich hinter der Braut auf. Diese wendet ihnen den Rücken zu und wirft den Brautstrauß über ihre Schultern nach hinten. Wer den Strauß auffängt, wird die nächste Braut sein.

Bräuche nach der Feier

Dosen am Auto

Wenn das Brautpaar die Feier verlässt, werden Blechdosen hinten an den Hochzeitswagen gehängt. Mit dem Geschepper sollen die bösen Geister verdrängt werden, die das Paar begleiten könnten.

Der Kellentanz

Am Ende der Hochzeitsfeier marschierten die Festgäste singend mit Töpfen und Deckeln bewaffnet durch die Wohnung des frisch gebackenen Ehepaares. Sie schlagen dabei mit Kellen und ähnlichen Kücheninstrumenten kräftig auf die Metalltöpfe und -deckel. Dieser fröhliche Höllenlärm sollte den bösen Geistern endgültig den Garaus machen.
Heute geht das junge Paar meist allein nach Hause.

Sieh dir das an! Und hinterher bekommen wir die Schuld …

Kinderwagen und Storch

Da ein junges Ehepaar recht bald mit reichlichem Nachwuchs gesegnet werden sollte, meinte man, ein auf dem Dach des jungen Paares montierter Kinderwagen und/oder ein Klapperstorch sei das richtige Mittel. Dies dürfte heute mitunter etwas schwierig werden, wenn das Paar z. B. in einem Hochhaus wohnt.

Wesentlich einfacher und unkomplizierter dient man demselben Zweck, wenn man der Braut während des Hochzeitsessens ein Kind auf den Schoß setzt. Dies soll ebenfalls für raschen Nachwuchs sorgen.

Wohnung verwüsten

Während die Brautleute am Hochzeitstag beim Fotografen sind, haben ihre Freunde Zeit, die Wohnung der beiden auf den Kopf zu stellen. Hier ein paar erprobte Vorschläge:

- Man kann viele bunte Luftballons aufblasen und im Wohnzimmer verstreuen. Besonders nett sehen Luftballons in Herzform aus – leider sind sie wesentlich teurer.
- Man kann das Schlafzimmer absperren, den Schlüssel z. B. im Kühl- oder Gefrierschrank verstecken und einen Zettel schreiben, auf dem steht: »Der Schlüssel zu einer heißen Nacht liegt an einem kalten Ort.«
- Man kann die Matratzen aus den Betten nehmen und in ein anderes Zimmer legen oder
- vor das Bett viele gefüllte Wasserbecher stellen, um dem frisch gebackenen Ehepaar den Weg zum Bett zu versperren.
- Hinter der Eingangstür kann man leere Kartons aufstapeln, oder
- man schraubt sämtliche Glühbirnen aus den Lampen.
- Oft werden auch Wecker versteckt, die das junge Paar dann mitten in der Nacht oder am frühen Morgen unsanft wecken.

Die Braut über die Schwelle tragen … Hier geht es wieder um den Schutz vor bösen Geistern, die hier auf die Braut lauern.

Hochzeitsreden

Tipps für eine Hochzeitsrede

Eine Hochzeitsrede wird im vertrauten Familienkreis gehalten. Förmlichkeit ist hier nicht am Platz. Leicht, fröhlich und dabei doch festlich sollen Inhalt und Vortrag sein. Besonders wichtig ist die Rededauer: Ungefähr fünf Minuten sind angemessen.

Zitate und Gedichte können in die Rede einfließen (s. auch Zitate auf S. 25, 34, 40, 106 und 107.) Wer mag, hält seine ganze Rede in Gedichtform. Oder man spricht einen »normalen« Prosatext und endet mit einem gereimten Zitat. Eine dritte Möglichkeit: Man gratuliert dem Brautpaar mit einem Toast, d. h. einer Kurzrede von ein bis zwei Minuten Dauer. Vorschläge für gereimte Toasts finden Sie auf S. 27.

Bitte nur fünf Minuten!

Die Rede sollte bei aller unförmlichen Fröhlichkeit doch »Hand und Fuß« haben, d. h. sie braucht eine Einleitung, einen Hauptteil und einen Schluss. Ich stelle Ihnen hier einige Möglichkeiten vor, mit denen Sie dieses Gliederungsschema inhaltlich füllen können, ob Sie nun auf einer »grünen«, einer Silber- oder einer Goldenen Hochzeit reden wollen.

Bausteine für Ihre Hochzeitsrede

Aus den folgenden Elementen können Sie Ihre Rede zusammensetzen. Mindestens werden sie Ihnen ein paar Anregungen geben. Auf den Seiten 28 ff., 36 ff. und 41 f. finden Sie einige Beispiele für fertig ausformulierte Hochzeitsreden. Sie sollten von Ihnen für das Paar, auf das Sie Ihr Glas erheben wollen, abgewandelt werden.

Auftakt: Begrüßung des Brautpaares und der Festgäste
Einleitung: Der Anlass des Festes
Evtl. ein Zitat
Eigene Gedanken zu dem Zitat

Hauptteil für eine Rede zur grünen Hochzeit
Wie sich die Brautleute kennen lernten
oder: Allgemeine Gedanken zum Thema Ehe
oder: Lustige Anekdoten

Hauptteil für eine Rede zur Silberhochzeit
Wichtige Ereignisse in den letzten 25 Jahren
oder: Warum ist diese Ehe so gut?
oder: Lustige Anekdoten

Hauptteil für eine Rede zur Goldenen Hochzeit
Wichtige private Ereignisse aus der Geschichte des Paares
oder: Verlauf der Ehe im Zusammenhang mit politischen Ereignissen der letzten 50 Jahre
oder: Lustige Anekdoten
oder: Zusammenhalt der Eheleute

Schluss: Glückwünsche für die nächsten Jahre
Möglicherweise kleines Gedicht
Trinkspruch

Ihre Vorbereitung

Die Rede vorher üben.

Ihre Rede kommt besonders gut an, wenn sie frei vorgetragen wird. Sie sollten unbedingt vorher üben.
Ein gutes Hilfsmittel dafür ist der Spiegel. Der Redner kann seine Mimik und Gestik genau beobachten. So ist es z. B. von Vorteil, wenn Sie beim Reden lächeln. Schließlich sind Sie aus einem freudigen Anlass zusammengekommen! Das Spiegelbild zeigt auch, ob Sie unbewusst an sich »herumfummeln«, sich z. B. am Ohr oder an der Nase kratzen.
Natürlich können Sie Ihre Rede auch einer anderen Person vortragen, die dann mit Ihnen darüber spricht.
Eine Aufzeichnung mit einer Videokamera ist eigentlich die beste Möglichkeit zur Selbstkontrolle. Sie ist aber nur dann zu empfehlen, wenn Sie schon früher mit diesem Medium gearbeitet haben und an den eigenen Anblick gewöhnt sind.
Auch ein Kassettenrecorder erfüllt gute Dienste, denn man kann testen, ob die Pausen, die man macht, zu lang oder zu kurz sind. Die Tonhöhe wird von dem Kassettenrecorder allerdings oft nicht real wiedergegeben. Sie müssen sie also nach dem Abhören nicht ändern. Es kann jedoch geprüft werden, ob die Rede »heruntergeleiert« wurde oder mit der nötigen Lebhaftigkeit »herüberkommt«.
Sehr effektiv: Die Rede an Orten üben, an denen man garantiert allein ist, z. B. im Badezimmer unter der Dusche, bei einem einsamen Waldspaziergang ... Niemand kann hören, wenn Sie einen Satz mehrmals hintereinander sagen, den Faden verlieren oder sich in Ihren eigenen Gedanken verheddern. Und wenn Ihnen etwas ganz besonders gut gelungen ist, sagen Sie es zur Belohnung gleich noch dreimal laut!

Ihre Wirkung als Redner

Ein Redner muss sich zunächst einmal Gehör verschaffen. Dazu steht er am besten auf, trinkt noch einen Schluck Wasser, klopft mit einem Löffel an sein Glas und wartet, bis alle still werden und sich ihm zuwenden. Auf keinen Fall sollte er aus Nervosität anfangen, seinen schön vorbereiteten Text schon zu sprechen, bevor das der Fall ist. Erfahrungsgemäß braucht jedes Publikum eine Weile, um sich in Stimme und

Sprache eines Redners einzuhören. Deshalb sagen erfahrene Redner oft zu Anfang eher nichtssagende Sätzchen, um dann richtig »loszulegen«.

Auch wenn eine Festrede nur Minuten dauert, ist unerlässlich: Der Redner muss so laut reden, dass er überall im Saal gehört wird. Vergessen Sie nicht, Pausen zu machen und während dieser Pausen Ihre Zuhörer anzusehen! Falls das Brautpaar angesprochen wird, muss es auch direkt angeschaut werden – sonst aber sollte ein guter Redner während der Rede in der Runde umherschauen.

Der Redner muss laut reden …

Auch wenn die Rede frei vorgetragen wird, ist ein Spickzettel eine große Beruhigung. Natürlich soll dort nicht der ganze Redetext ausformuliert stehen, denn eine abgelesene Rede ist immer langweilig. Das freie Sprechen ist gerade bei Festreden unverzichtbar. Auf dem Spickzettel stehen die Stichpunkte der Gliederung, und der Redner wird darauf sehen, wenn er von einem Punkt zum nächsten übergeht. Denn in der Aufregung kann es zu leicht passieren, dass der Faden verloren geht oder ein wichtiger Teil übersprungen wird.

Zitate, die Sie wörtlich bringen wollen, sollten Sie auf Ihren Spickzettel schreiben und, wenn es mehrere sind, möglichst in verschiedenen Farben mit Textmarker anstreichen.

Und wenn etwas danebengeht? Keine Panik! Versprecher, die zu Erheiterungen führen, sollten den Redner veranlassen, auch zu lachen. Versprecher sind etwas ganz Natürliches, niemand braucht sich dafür zu schämen.

Der Abschluss einer Hochzeitsrede, das gemeinsame Zuprosten, darf eine gewisse Feierlichkeit haben. Lassen Sie sich Zeit! Sie als Festredner sprechen ein paar Worte und erheben Ihr Glas. Dann müssen Sie warten, bis alle Anwesenden ebenfalls Ihre Gläser ergriffen und erhoben haben. Meistens wird dabei auch noch aufgestanden. Erst wenn alle stehen und bereit sind, sprechen Sie Ihre letzten Worte, nicken dem Brautpaar zu und geben das Signal zum Trinken.

Lassen Sie sich Zeit!

Wer redet, und wann?

Meistens werden die Reden im Rahmen des Festessens gehalten. Die erste Rede steht dem Pfarrer zu, falls der anwesend ist, danach dem Brautvater. Die zweite Rede wird von dem Vater des Bräutigams gehalten. Danach kann sich jeder Teilnehmer der Feier zu Wort melden, Verwandter sowie Freund. Zwischen den Reden sollten jedoch immer Pausen gemacht werden, bei denen sich die Festgäste stärken und unterhalten können.

Natürlich werden Sie nicht mit Ihrer Rede anfangen, bevor Ihre Gäste etwas im Magen haben! Wenn nur eine Rede eingeplant ist, sollte sie nach dem Hauptgericht eingeschoben werden. Wenn mehr Reden kommen – mehr als drei sollten es keinesfalls sein! –, muss der verantwortliche Organisator der Feier mit den Rednern absprechen, nach welchem Gericht sie sich erheben sollen.

Unerlässlich ist die Information an Küche und Service des Festessens! Sonst verzweifelt der Koch, und die Kellner ringen die Hände ...

Außerhalb des Festessens kann jede Gelegenheit ergriffen werden, Reden zu halten. Da gibt es keine Regel außer der, dass die Gäste vollzählig versammelt und vor Störungen sicher sein sollten.

Die grüne Hochzeit

Zitate und Gedichte

Viele schöne Zitate und Gedichte (s. S. 25/26 und S. 106/107) können in eine Rede eingebaut werden. Sie drücken oft besser als unsereiner aus, was man sagen möchte. Oft ist auch ein Gedicht geeignet, um eine Rede zu beginnen. Aber Vorsicht! Sie müssen vorher sichergehen, dass Ihnen wirklich die volle Aufmerksamkeit der Zuhörer zugewandt ist. Sonst bringen Sie Ihr schönes Zitat um seine Wirkung.

Die ganze Welt ist dein

O glücklich, wer ein Herz gefunden,
das nur in Liebe denkt und sinnt,
das mit der Liebe treu verbunden,
sein schön'res Leben erst beginnt.

Wo liebend sich zwei Herzen einen,
um eins zu sein in Freud und Leid,
da muss des Himmels Sonne scheinen
und heiter lächeln jede Zeit.

Die Liebe, nur die Lieb' ist Leben!
Kannst du dein Herz der Liebe weihen,
so hat dir Gott genug gegeben,
wohl dir, die ganze Welt ist dein!

August Heinrich Hoffmann von Fallersleben

Die Welt ist so leer, wenn man nur Berge, Flüsse und Städte darin denkt, aber hie und da jemand wissen, der mit uns übereinstimmt, mit dem wir auch stillschweigend fortleben, das macht uns dieses Erdenrund erst zu einem bewohnten Garten.

Johann Wolfgang von Goethe

Eine gute Ehe – wenn es eine solche gibt – benötigt die gewöhnliche Liebe nicht, sie strebt nach der Freundschaft hin. Es ist eine süße Lebensgemeinschaft voll Beständigkeit, Vertrauen und einer unendlichen Menge nützlicher und dauerhafter Dienstleistungen und wechselseitiger Verpflichtung.

Michel de Montaigne

Aufgeregt geht man ihm entgegen,
diesem schönsten Tag im Leben,
Pfarrer und / oder Standesamt,
beides festigt das Liebesband,
schwarzer Anzug und weißes Kleid,
dieses ist der Jungfern Neid,
Liebe, Freude, Hochzeitstanz,
Blumenschmuck und Lichterglanz,
Freunde und Verwandte,
Kumpels und Patentante,
es wird getrunken, es wird gelacht,
fröhlich erwartet man die Nacht,
zusammen geht man ihm entgegen,
diesem gemeinsamen neuen Leben.

Kerstin Weidlich-Huth

O wie lieblich, o wie schicklich,
Sozusagen herzerquicklich,
Ist es doch für eine Gegend,
Wenn zwei Leute, die vermögend,
Außerdem mit sich zufrieden,
Aber von Geschlecht verschieden,
Wenn nun diese, sag' ich, ihre
Dazu nötigen Papiere
So wie auch die Haushaltssachen
Endlich mal in Ordnung machen
Und in Ehren und beizeiten
Hin zum Standesamte schreiten,
Wie es denen, welche lieben,
Vom Gesetze vorgeschrieben.
Dann ruft jeder freudiglich:
»Gott sei Dank! Sie haben sich!«
Dass es hierzu aber endlich
kommen muss, ist selbstverständlich.

Wilhelm Busch

Was man alles kriegen kann

So zum Beispiel kriegt oft einer,
wenn er heiratet,
statt einer Frau eine Schlange,
statt an Engel an Teufel,
statt an Himmel die Hölle,
statt einer Hausfrau a Modedame,
statt'n Busserl a Watschn und
statt Obligationen Pfandscheine.
Dann einen Hausfreund,
ein Kind,
a Hirschgeweih,
alle Tage a Mark Taschengeld
und a Schwiegermutter.

Ihr seid nun eins

Ihr seid nun eins, ihr beide,
und wir sind mit euch eins.
Trinkt auf der Freude Dauer
ein Glas des guten Weins!

Und bleibt zu allen Zeiten
einander zugekehrt!
Durch Streit und Zwietracht
werde
nie euer Bund gestört.

Johann Wolfgang von Goethe

Der Toast

Toasts können das Ende einer Rede bilden. Sie werden aber ebenso gern auch einzeln vorgetragen, und dann ist die gereimte Form besonders beliebt.

Tages Arbeit, abends Gäste,
saure Wochen, frohe Feste
sei das künftig Zauberwort!
Johann Wolfgang von Goethe

Bekanntlich ist der Hochzeitstag
der Liebe allerschönster Tag.
Man sollt' an jedem Tag im Leben
der Liebe ihren Stammplatz geben!
Ein Kuss, ein Blick, 'ne nette Geste
machen jeden Tag zum Feste.
So wünschen wir dem jungen Paar
viel Glück und Liebe Jahr um Jahr!

An eurem schönsten Tag im Leben
Lasst euch wünschen Glück und Segen.
Alle hier auf diesem Feste
Wünschen euch das Allerbeste!
Möge euer Leben frei von Sorgen sein!
Darauf lasst uns trinken ein Glas Wein!

Voller Liebe, voller Freude
blick ich auf zum Hochzeitspaar.
Froh und glücklich sei es heute,
doch auch immer Jahr für Jahr!

Da ihr euch schon lange kennt
und euch Lebensgefährten nennt,
Ist der Trauschein nur ein Beleg
Für den gemeinsamen Lebensweg.
Bemüht euch, euer Glück zu wahren
In allen kommenden Ehejahren!
Dass Liebe ewig leben kann,
darauf stoßet mit mir an!

Fünf Musterreden

Der Brautvater spricht

Liebes Brautpaar, verehrte Festgäste!
Ihr, Matthias und Claudia, habt eure Liebe durch eure kirchliche Trauung gekrönt. Ich freue mich, dass wir dieses Fest miteinander feiern können, und möchte euch, ihr lieben Gäste, auch im Namen der Brautmutter herzlich willkommen heißen.

Johann Wolfgang von Goethe hat gesagt: »Liebe ist etwas Ideelles. Heiraten ist etwas Reelles. Und nie verwechselt man ungestraft das eine mit dem anderen.« Nun, ich hoffe trotzdem, dass ihr eure Ideale in der Ehe behaltet. Es ist schwierig in der heutigen schnelllebigen Zeit, in der Hektik des Alltags Liebe, Verständnis und Zeit für einander zu haben.
Ricarda Huch hat gesagt: »Liebe ist das einzige, was wächst, wenn wir es verschwenden.« Nun, ich bin überzeugt, dass ihr in diesem Falle zu Verschwendern werdet.
Beide Partner in der Ehe müssen dazu beitragen, dieses Glück zu erhalten und zu vermehren. Dazu gehören Vertrauen, gegenseitige Achtung, Verständnis und Humor – und es gehört auch dazu, dem Partner den nötigen Freiraum zu lassen. Eure Eltern und Großeltern haben euch vorgelebt, wie das Leben gemeistert werden kann in guten und in schlechten Zeiten.

Ihr beide habt euch vor ... Jahren kennen gelernt. Zuerst wart ihr gute Freunde, dann ein Liebespaar – und jetzt seid ihr ein frisch gebackenes Ehepaar. Ihr habt euch eine finanzielle Grundlage geschaffen und euch gegenseitig geprüft. Jetzt seid ihr im Hafen der Ehe gelandet, aber ihr müsst euch neu aufmachen, um die gemeinsame Fahrt durch das Leben zu beginnen. Wir hoffen für euch, dass ihr die Klippen, die

sich euch in den Weg stellen werden, gestärkt durch eure Gemeinschaft mit Humor und Zuversicht umschifft.
Mit einem Vers des Dichters Emanuel Geibel will ich meine Rede beenden:
Das ist die rechte Ehe,
wo zweie sich geeint,
Durch alles Glück und Wehe
zu pilgern sind vereint.
Der eine Stab des andern
und liebe Last zugleich,
gemeinsam Rast und Wandern
und Ziel das Himmelreich!
In diesem Sinne möchten wir unser Glas erheben und auf das Wohl unseres Brautpaares trinken.
Unser Brautpaar, es lebe hoch, hoch, hoch!

Ein Freund des Brautpaares spricht

Liebe ..., lieber ..., liebe Gäste!
Wir sind heute aus einem wunderbaren Anlass zusammengekommen, wohl dem schönsten Anlass, den es im Leben zweier junger Leute geben kann. Wir wollen einen fröhlichen und unbeschwerten Tag miteinander verbringen. Ganz bestimmt haben alle gute Laune mitgebracht und viele Einfälle, so dass dieser Tag für unser frisch gebackenes Ehepaar und für uns alle in unvergesslicher Erinnerung bleiben wird.
Es wird natürlich noch andere Tage geben, die nicht so schön sind wie der heutige. Aber auch dann solltet ihr, verbunden durch eure Liebe, versuchen, das Beste daraus zu machen. Versucht auch nach den Flitterwochen, immer die positiven Seiten des anderen zu sehen und nicht auf den »Macken« des anderen herumzuhacken, denn eine gute Ehe besteht immer aus zwei besseren Hälften.
Ein Witzbold hat einmal gesagt, das Wort Ehe sei die Abkürzung des lateinischen Sprichwortes: Errare humanum est – Irren ist menschlich. Da ihr euch schon so lange kennt, geprüft und studiert habt, ist ein Irrtum bei der Wahl des Partners sehr wahrscheinlich ausgeschlossen.
Mein persönliches Rezept für eine gute Ehe ist, einen Ehevertrag abzuschließen. Mein Vertrag lautet:

§ 1 Die Frau hat immer Recht.
§ 2 Wenn die Frau nicht Recht hat, tritt § 1 in Kraft.
Man kann diese Version natürlich auch verändern.
Um es kurz zu machen:
Mache einer den anderen glücklich – und seid zufrieden ein Leben lang!
In diesem Sinne wollen wir unser Glas erheben!
Unser Brautpaar, es lebe hoch, hoch, hoch!

Der Vater des Bräutigams spricht

Liebes Brautpaar, liebe Eltern unserer Claudia und liebe Hochzeitsgäste!
Wir, die Eltern von Bräutigam Matthias, möchten Sie recht herzlich begrüßen und Claudia in unserer Familie willkommen heißen. Wir bedanken uns bei ihren Eltern für die Einladung und die schöne Feier, die für uns ausgerichtet wurde. Wir sind dieser Einladung gern nachgekommen! Insbesondere darf ich die Freunde aus Westfalen begrüßen, die 500 km weit angereist sind. In unserem Erlanger Tagblatt hat ja etwas gestanden von dieser deutsch-deutschen Vermählung, und so hoffen wir auch, dass dieser Abend in Harmonie verläuft und wir uns alle noch ein bisschen besser kennen lernen.

Ob der Gegensatz nun ost-west heißt, preußisch-bayrisch oder sonst wie – immer erhebt sich doch die Frage: Wie kommt es eigentlich, dass zwei ganz verschiedene Menschen so zueinander finden?
Ist es die Liebe oder die Affinität zueinander? Die Liebe dürfte hier im Kreise wohl einem jeden bekannt sein. Doch was sagt uns der Begriff der Affinität?
In der Chemie bedeutet der Begriff der Affinität die Fähigkeit eines Stoffes, sich mit einem anderen Stoff chemisch zu verbinden. So zeigen die Atome Wasserstoff und Sauerstoff die Neigung und Fähigkeit, sich zu dem Molekül Wasser zu vereinigen. Goethe hat in seinem Roman »Die Wahlverwandtschaften« den Begriff der Affinität, der Neigung zweier Menschen, sich durch eine innere Verwandtschaft zu verbinden, dem Leser näher gebracht.

Ein kluger Professor hat in seiner Vorlesung den Begriff der Affinität dadurch zu erklären versucht, indem er sagte: »Was nützt einem Mann eine schöne Frau, wenn sie nicht in Kussnähe kommt!«
So wäre es auch nie zu einer Verbindung zwischen Claudia und Matthias gekommen, wenn Claudia in Chemnitz geblieben wäre. Doch durch die Wiedervereinigung Deutschlands wurde es möglich, dass sich beide in Erlangen auf einer Party kennen und lieben lernten. Und jetzt, nach drei Jahren Freundschaft, sind sie der Meinung, dass die Ehe die Krönung ihrer Verbindung ist.
In diesem Sinne möchten wir unser Glas erheben und auf das Wohl unseres Brautpaares trinken.
Unser Brautpaar, es lebe hoch, hoch, hoch!

Eine Tante des Brautpaars spricht

Liebes Brautpaar, liebe Hochzeitsgäste!
Es ist nicht zu leugnen: Essen und Trinken hält Leib und Seele zusammen. George Bernard Shaw sagte sogar einmal: »Es gibt keine aufrichtigere Liebe als die Liebe zum Essen!«
Essen ist ein Stück Lebensqualität!
Man kann die Ehe mit einem guten Essen vergleichen. Auf den ersten Blick erscheint das etwas merkwürdig. Jedoch werden Liebe und gutes Essen oft in Verbindung gebracht. Beides hat mit Genuss zu tun; schließlich geht Liebe durch den Magen. Oder etwas trivialer ausgedrückt, die Liebe des Mannes geht durch den Magen. Sicher merkt unsere frisch gebackene Ehefrau jetzt schon, woran ich denke! Es muss wirklich nicht immer Kaviar sein – doch Eros, der Gott der Liebe, will gesättigt und befriedigt sein. Nicht umsonst sind unsere französischen Nachbarn Meister der Kochkunst – und l'amour geht ihnen über alles!
Es gibt auch zweideutige Sprichwörter, die Essen mit Liebe assoziieren: z. B. »Appetit holt man sich woanders, aber gegessen wird zu Hause.«
Ein gutes Essen sollte mit Liebe gekocht sein, so funktioniert eine Ehe auch nur mit Liebe. Die Zubereitung macht Mühe, auch müssen sich beide Partner ständig um ihre Ehe bemühen.

Alleine essen macht keinen Spaß, man benötigt dazu einen gleich gesinnten Partner, mit dem man das gute Essen genießen kann. So ist auch ein Partner mit gleichen Interessen der beste Partner für eine Ehe.
Man wartet auf ein gutes Essen mit Heißhunger und stellt sich, wie vor der Ehe, den Vorgeschmack des Himmels vor.
Die Hochzeit wird vollzogen, und man fängt an zu genießen.
Man beginnt mit der Vorspeise, einer köstlichen Kleinigkeit, die das Hungergefühl nicht stillen kann, sondern nur noch Appetit auf »mehr« macht. Das sind die Flitterwochen, eine köstliche kurze Zeit.
Man freut sich auf die Hauptspeise, den wichtigsten Teil des guten Essens. Während des Speisens verschwindet das Hungergefühl mit steigendem Wohlgefühl. Man wächst zusammen und betrachtet sich mit enger Vertrautheit.
Zu einem guten Essen gehört schließlich noch der Nachtisch.
Er sollte in kleinen Happen verzehrt werden. Der Nachtisch stellt das dar, was eine lange Ehe schließlich gut macht.
Der Nachtisch sind kleine Aufmerksamkeiten, die man sich trotz langjähriger Ehe erweist, schöne Hochzeitstage, ein Kompliment oder eine Liebeserklärung, z. B.: »Ich habe dich zum Fressen gern!«
Da kann man nur noch guten Appetit wünschen!

Die Patentante spricht

Liebes Brautpaar, verehrte Festgäste!
Man spricht zwar davon, dass das Brautpaar in den Hafen der Ehe einläuft, doch beginnt dort erst die gemeinsame Reise durch das Leben. So möchte ich die Ehe mit einer Reise vergleichen.
Die Reise wird von beiden Partnern geplant, und die Vorfreude auf diese Zeit ist groß. Nun gibt es unterschiedliche Arten von Reisen, die Palette reicht von Hotelurlaub über Abenteuerreisen mit dem Rucksack, Reisen in die Berge oder ans Meer.
Manche wünschen sich von einer Reise Ruhe und Erholung, andere aber Erlebnisse und Abenteuer.
Eigentlich sollten beide Partner denselben Reisewunsch haben. Dann realisiert sich das Vorhaben am leichtesten.

Sonst muss ein Kompromiss geschlossen werden, der beiden Partnern einigermaßen gerecht wird.
Im Gepäck sollte man nur das haben, was für die Reise wirklich benötigt wird, eine Grundausrüstung, mit der man allen möglichen Situationen gewachsen ist. Unerlässlich sind natürlich Humor, Treue, Vertrauen, ein gewisses Maß an Gutmütigkeit und möglichst auch finanzielle Mittel.
Aber selbst mit geringen finanziellen Mitteln kann eine Reise gelingen. So kann ein Campingurlaub lustiger sein als eine Reise auf einem Kreuzfahrtschiff, wenn sich die Reisenden bemühen, das Beste daraus zu machen.
Man hat auch auf einer gemeinsamen Reise die Möglichkeit, seine Individualität auszuleben – während ein Partner z. B. am Strand schläft, macht der andere einen Bootsausflug.
Natürlich kann es zu Streitigkeiten kommen, denn das Zusammensein ist besonders eng, doch sollte der Streit nicht dazu führen, dass einer wutentbrannt abreist.
Was wünsche ich euch? Ihr sollt euch über das Reiseziel einig sein, die Stationen gemeinsam ansteuern, das richtige Gepäck bei euch haben, gute Reisekameraden finden, mit dem Geld auskommen, wenig Hindernisse vorfinden und viele schöne Abenteuer erleben.
Wir alle wünschen euch eine gute Fahrt.

Die Silberhochzeit

Zitate und Gedichte

Der Clochard
Sie lernten sich kennen an einer Bar,
und bald schon wurde ihnen klar:
Aus uns beiden wird ein Paar!
Ihre Verwandten schimpften ihn »Clochard«.
»Liebes Mädchen, sei kein Narr,
dieser Barbar kennt nicht einmal Tatar!«
Doch sie ließen sich trauen von einem Vikar.
Bald sie ihr erstes Kind gebar,
so verflog schnell Jahr um Jahr.
Jetzt sitzt sie inmitten einer Kinderschar,
der »Clochard« stieg auf zum Modezar,
er ist bekannt, er ist ein Star.
Das ist wirklich und wahrhaftig wahr!
Zwecks eines Häuschens ging man zum Notar.
Man höre und staune, er zahlte bar.
Das Verwandtengezeter, es wurde rar,
und zufrieden raucht er abends Zigarr',
Die Schicki Mickis sind ihm zu bizarr,
sie sind lieber befreundet mit der Pilar.
25 Jahre, und die Liebe hält sogar,
und wir hoffen, sie währet immerdar!

Kerstin Weidlich-Huth

Zur Silberhochzeit
Vorüber ist die Sommerzeit,
die Zeit der Himmelsherrlichkeit;
ihr seid im späten Jahr.
Die ersten Silbergräserspitzen
sieht man schon da und dorten blitzen,
des Lebens erstes weißes Haar.

Indisch

Es wimmelt heut an euren Pforten
von frohen Gästen ein und aus.
Sie kommen her von allen Orten
und tragen Segen in dies Haus.
Zu Ehren eures Freudentages
an bunten Gaben nichts gebricht's.
Nur ich, ein Gast besonderen Schlages,
ich komme, doch ich bringe – nichts.

Sonst, wer mit Gaben nicht versehen,
bringt einen Wunsch mit freiem Mut,
und wenn's in Reimen kann geschehen,
so klingt das nun mal doppelt gut.
Ein freundlich Wort, und ist's auch leise,
vom Herzen kommt's, zum Herzen spricht's,
nur ich, ein Gast von eigener Weise,
ich komme, doch ich wünsche – nichts!

Wie denn? Wie soll man das verstehen?
Wie »nichts« gemeint ist, sollt ihr sehen:

Nichts störe eures Hauses Frieden,
Nichts trübe euch das heit're Herz,
Nichts sei zum Kummer euch beschieden,
Nichts habt zu tun mit Leid und Schmerz.
Und wollt ihr rechte Freud' erteilen
auch dem Verfasser des Gedichts,
so nehmt als Glückwunsch diese Zeilen
gutwillig auf und tadelt – nichts.

Emanuel Geibel

25 Jahre zusammenleben,
25 Jahre nehmen und geben,
alles miteinander teilen,
und dabei am Glücke feilen,
jeder find't im anderen Halt,
Gemeinsames gewinnt Gestalt.
Sich immer noch tief in die Augen schauen
und sich bei allem fest vertrauen –
dann ist die Treue kein hartes Muss,
wird freudig besiegelt durch jeden Kuss.

Es wird geweint, es wird gelacht,
und immer wird an den andren gedacht.
Liebet, lebet weiterhin
und gebt dem Leben einen Sinn!

Kerstin Weidlich-Huth

Drei Musterreden

Bei diesem Fest kann jeder das Wort ergreifen. Falls das Silberpaar Kinder hat, werden diese ihren Eltern mit einer Rede eine besondere Freude machen. Häufig bedankt sich der Jubilar oder die Jubilarin bei dem Ehepartner mit ein paar netten Worten für das gemeinsame Vierteljahrhundert, oder alte Freunde erzählen, was früher war.

Ein Freund spricht

Liebe Sabine, lieber Peter,
Fünfundzwanzig Jahre, also ein Vierteljahrhundert, habt ihr miteinander verbracht. Das sind 25 x 365 Tage, also 8125 Tage. 8125 Tage, das hört sich nun wieder doch nicht so lange an. Ihr habt miteinander glückliche und weniger glückliche Tage verbracht, von den Nächten möchte ich jetzt gar nicht reden, die bleiben euer Geheimnis.
Die »Produkte« eurer Liebe, eure heranwachsenden Kinder, sehen an euch, wie ein Zusammenleben in Harmonie funktioniert. Ihr seid ein Vorbild für sie, über lange Zeit in Frieden und Ausgeglichenheit zu leben. Denn die Ehe ist der Anfang und der Gipfel aller Kultur.
Andere versuchen, gegeneinander zu kämpfen – ihr habt mit-

einander um euer gemeinsames Glück gekämpft. Ihr seid aneinander und miteinander gewachsen, habt auch wirtschaftliche Schwierigkeiten überwunden und gegen die schleichende Gewohnheit angekämpft durch eure Reisen und durch euer offenes Haus.
Wir hoffen, dass wir auch in den nächsten fünfundzwanzig Jahren Zeugen eures Glückes sein dürfen.
Ja, wenn ich es richtig sehe,
dies ist eine Musterehe.
Dies sind beispielhafte zwei.
Heute sind wir nun dabei,
wo mit Recht dies wird begossen.
Damit hab' ich abgeschlossen
meine Red zu euren Ehren,
lass' als letztes Wort noch hören,
was seit je der Abschluss war.
VIVAT HOCH
DEM JUBELPAAR!

Eine Freundin spricht

Liebe ..., lieber ..., liebe Festgäste!
Wir sind heute zusammengekommen, um euer fünfundzwanzigjähriges Ehejubiläum zu feiern.
Nun, es gab in diesen fünfundzwanzig Jahren Eheleben einige Höhepunkte und ein paar Tiefpunkte. Höhepunkte waren sicherlich die Geburten eurer Kinder und der Bau eures Hauses. Tiefpunkte gab es auch: Wer sie kennt, wird heute davon schweigen, und andere geht es nichts an ... Ihr seid jedoch mit allen euren Krisen fertig geworden, und dies hat euren Zusammenhalt gestärkt. Goethe hat gesagt: »In der Ehe muss man manchmal streiten, dadurch erfährt man etwas voneinander.« Also freut euch, ihr habt bestimmt viel voneinander erfahren!
Wir sind glücklich, mit euch heute diesen Tag feiern zu können.
So wie sich die Zeiten ändern, so kann sich auch der Mensch verändern.
So hoffen wir für euch für die nächsten Jahre spannende, lustvolle und liebevolle Tage!

Eine Tochter spricht

Herzlichen Glückwunsch zu eurer Silberhochzeit! Wir alle freuen uns, dieses Fest mit euch feiern zu dürfen.
Daphne du Maurier hat gesagt: »Die Ehe ist kein Fertighaus, man muss lange an ihr bauen.« Man spricht ja auch häufig davon, sich eine Zukunft oder Existenz »aufzubauen«.
So möchte ich eure fünfundzwanzig Ehejahre mit dem Bau eines Hauses vergleichen. Da ihr selber ein Haus gebaut habt, werden euch die einzelnen Schritte bestimmt bekannt vorkommen.
Die erste Voraussetzung für den Bau ist ein Grundstück. Dieser Grund und Boden, ohne den das Haus in der Luft hinge, ist die Liebe, ohne die man kein ganzes Leben gemeinsam verbringen könnte.
Die Bauarbeiten können beginnen, es wird eine Grube ausgehoben und ein Fundament gelegt. Das Fundament stellt das dar, worauf eine Ehe aufgebaut werden muss: Vertrauen, Treue, gegenseitige Rücksichtnahme ...
Nach dem Aufbau der Kellermauern werden die Außenmauern gesetzt. Ihr habt aktiv an dem Bau dieser Mauern mitgearbeitet. Die Außenmauern sollen die Familie vor widrigen Einflüssen schützen, ihr eine gewisse Sicherheit bieten. Das sind die Lebensumstände – für euch war das wie für die meisten von uns der Job, mit dem ihr die Brötchen verdienen musstet.
Das Erdgeschoss wird fertig gestellt, die Innenmauern werden gesetzt. Im Erdgeschoss befinden sich Küche, Wohnzimmer und Schlafzimmer. Hier findet das gemeinschaftliche Familienleben statt. Eigentlich würden diese Zimmer für ein Ehepaar schon genügen, ihr habt jedoch weitergebaut und

den ersten Stock fertig gestellt: mit Kinderzimmern und einem Gästezimmer. Wir Kinder wurden geboren, und eine Vielzahl von Gästen bevölkert Jahr um Jahr euer Haus.

Als der Dachstuhl fertig war, wurde ein Fest gefeiert, ein Richtfest. Das Haus war fertig, die Familie komplett. Trotzdem ging der Hausbau weiter, weil die Bedürfnisse der Bewohner sich änderten, als wir Kinder größer waren. Der Dachstuhl wurde ausgebaut und wird als Lese- oder Arbeitszimmer genutzt. Die Kinderzimmer standen oft leer, aber überflüssig wurden sie nicht, denn wir Kinder kamen immer wieder gern zu euch.

Das Haus bietet für jeden Bewohner alles, was er braucht: Gemeinschaft und individuelle Abgrenzung. So hat auch in eurer Ehe jeder seinen Freiraum.

Der Innenausbau, das ist die Vertiefung eurer Beziehung. Sie entwickelt sich weiter, weil ihr zusammen lebt und in rücksichtsvollem Umgang miteinander durch Höhen und Tiefen des Alltags geht.

Denkt ihr heute an die Anfänge der Planung und den ersten Spatenstich zurück? Ihr könnt mit Stolz und Freude auf das gemeinsam Geschaffene und Erarbeitete blicken. Ich denke, ihr könnt sagen: »Our home is our castle«, unser Heim, unsere Familie und Ehe ist unsere Burg. Euer Lebensgemeinschaftsbauwerk ist gelungen. Die Innengestaltung eines Hauses wird immer wieder verändert und umgestaltet werden, denn auch eure Beziehung ändert und entwickelt sich dauernd. Sie steht auf einem guten Grund und hat ein unzerstörbares Fundament.

Darauf lasst uns unser Glas erheben!

Die Goldene Hochzeit

Zitate und Gedichte

Das Geheimnis einer langen glücklichen Ehe liegt nicht in der Liebe, sondern besteht darin, dass man einander verzeiht, sich gegenseitig geheiratet zu haben.

Sacha Guitry

Fünfzig lange Ehejahre,
alte Lippen, weiße Haare,
viel erlebt und viel erlitten,
manchmal auch nicht schlecht gestritten,
immer wieder doch versöhnt,
hat sich Herz an Herz gewöhnt.
Jung geblieben in den Herzen,
immer noch bereit zu Scherzen.
Körper, Seel' verändern sich,
doch noch immer liebt man sich.
All das stärkt die Zweisamkeit
bis in alle Ewigkeit!

Kerstin Weidlich-Huth

So bedenkt, vor fünfzig Jahren
Standet ihr am Traualtar,
Und der Zukunft Tage waren
euch und andern noch nicht klar.
Aber heut' im Freundeskreise
Schaut zurück ihr auf die Reise.
Für das Ziel, das nicht mehr Schein,
Stehen Kind und Enkel ein.

Franz Grillparzer

Zwei Musterreden

Auch bei der Goldenen Hochzeit gibt es keine strenge »Rednerliste«. Es redet, wer mag: eins der Kinder, ein Enkel, ein anderer Verwandter, ein alter oder junger Freund oder auch der Jubilar/die Jubilarin.

Nur auf eines sollte man Rücksicht nehmen: Die Brautleute sind nicht mehr jugendfrisch, vielleicht ermüden sie leicht, vielleicht hören sie nicht mehr gut. Vielleicht ist dies das letzte große Fest, das sie gemeinsam erleben. Man sollte ihnen nur solche Reden zu Gehör bringen, an denen sie wirklich Freude haben.

Ein Sohn spricht

Liebe Eltern, verehrte Festgäste!
Wir sind froh und dankbar, dass wir heute diesen Tag mit euch zusammen feiern dürfen. Liebe Eltern, ihr habt ein halbes Jahrhundert zusammen gelebt und geliebt. Höhen und Tiefen haben euren Lebensweg gezeichnet.
Ihr habt euch bald nach dem zweiten Weltkrieg kennen gelernt und wart froh, dieses Inferno überlebt zu haben. Im Jahre 1950 habt ihr geheiratet, noch in der entbehrungsreichen Nachkriegszeit. Ihr seid Zeitzeugen der Teilung Deutschlands und habt durch eure Arbeit beim Aufbau des Landes mitgewirkt. So seid ihr zu Wohlstand gekommen. Im Jahre 1989 konntet ihr die Wiedervereinigung miterleben, und so können heute unsere Verwandten aus den neuen Bundesländern auch an dieser Feier teilnehmen.
Ihr könnt zufrieden auf euer Leben zurückschauen. Ihr habt euch eure gute Gesundheit erhalten und könnt euch heute an euren drei Kindern, sechs Enkelkindern und zwei Urenkelchen erfreuen. Ihr habt uns, euren Kindern, durch gemeinsame Anstrengungen eine gute Erziehung zukommen lassen, und dies werden wir euch nie vergessen.
Wir, eure Kinder und Kindeskinder sowie eure Freunde, danken euch, dass wir an eurem Leben teilhaben durften. Euer Zusammenleben war für uns ein lebendiges Vorbild, wie man Liebe und Toleranz im Alltag praktizieren kann. Ihr habt uns gezeigt, dass eine Partnerschaft durch das Erleben von guten und schlechten Tagen wächst.
Wir wünschen euch noch viele gemeinsame Jahre, die ihr in Gesundheit und wohlverdienter Ruhe verbringen sollt.
Erhebt bitte mit mir das Glas und stimmt ein!
Unser verehrtes Jubelpaar, es soll leben noch viele Jahr! Und es lebe hoch, hoch, hoch!

Der Jubilar spricht zur Jubilarin

Liebe ...!

Heute feiern wir den fünfzigjährigen Bestand unserer Ehe. Ich kann mich noch genau an den Tag erinnern, an dem ich dir einen Heiratsantrag gemacht habe, und natürlich an den Tag unserer Eheschließung. Wir waren beide sehr aufgeregt, denn wir wussten nicht, was das Leben uns bringen würde. Würden sich unsere Hoffnungen und Träume erfüllen?

Nun sind wir fünfzig Jahre einen gemeinsamen Lebensweg gegangen. Wie schnell sind die Jahre doch verflogen! Wir blicken auf sie zurück mit Stolz und auch mit ein bisschen romantischer Sehnsucht nach vergangenen Tagen.

Die ersten Jahre waren geprägt von Entbehrungen. Doch dies störte unser Glück nicht, wir konnten immer unser Leben mit Humor betrachten.

Unsere beiden Kinder wurden geboren, wuchsen und gediehen. Wir kamen in unseren Berufen voran – ich etwas schneller und weiter als du, denn du versorgtest den Haushalt. Das fand man damals normal. Die Jahre vergingen, und wir konnten Silberhochzeit feiern.

Nun gibt es in jeder Ehe Meinungsverschiedenheiten und Reibereien, wir haben uns jedoch meistens schnell wieder geeinigt. Vielleicht bist du, liebe ..., doch etwas nachgiebiger als ich. Ich danke dir, dass du in all den Jahren immer mein bester Freund und Partner und meine Geliebte geblieben bist. Wir haben nie das Vertrauen zueinander verloren, und das können wir anderen Paaren nur wünschen.

Wir können auf unsere Ehe zurückblicken und zufrieden sein. In gemeinsamer Erinnerung schmunzeln wir oft über Erlebtes und denken über Erlittenes nach. Weißt du noch? Das ist eine häufige Frage, die wir uns besonders vor diesem Jubiläum gestellt haben.

Ich wünsche uns noch viele Jahre, die wir bei möglichst stabiler Gesundheit zusammen erleben.

Darauf trinkt mit mir ein Gläschen Wein,
und lasst uns alle fröhlich sein!

Hochzeitsspiele

Hochzeitsspiele eignen sich dazu, eine Feier aufzulockern. Häufig kennen sich die Familien der jungen Eheleute noch zu wenig, um Gesprächsstoff zu haben, und »mischen« sich nicht. Oder die Generationen halten sich voneinander fern. Bei einem Spiel wird die Festgesellschaft von selbst und auf lustige Weise durcheinander gewirbelt, und es ergeben sich viele neue Kontakte für alle.

Spiele lockern auf.

Spiele für die Festgesellschaft

Die meisten nun folgenden Spielvorschläge sind für jede Hochzeitsfeier geeignet. Das »Päckchenspiel« muss bei Silber- oder Goldener Hochzeit nur etwas umgeändert werden. Aber die »Gerichtsverhandlung«, die »Kutsche«, das »Wadelspiel« und die »Reise nach Jerusalem« sowie die »Jux-Tombola«, das »Säckchenspiel« und den »Intelligenztest« können Sie in jeder Festgesellschaft spielen. Auch das »Männlein-Spiel« passt immer – bei Silber- oder Goldener Hochzeit sollten Sie allerdings die körperliche Gewandtheit und Bewegungsfreude der Hauptpersonen bedenken und das Spiel nur dann aufs Programm setzen, wenn es den beiden Spaß machen wird.
Hauptsächlich für grüne Hochzeiten empfehle ich Ihnen das »Herzerl-Spiel«.

Das Herzerl-Spiel

Dieses Spiel soll die Übereinstimmung der Brautleute testen. Je enger Fragen und Antworten übereinstimmen, um so harmonischer ist das Paar.

Sie brauchen dazu buntes, dickes Papier in zwei Farben. Am besten eignet sich Blau und Rot. Sie schneiden jeweils zwei größere Herzen aus und schreiben auf die blauen Herzen den Vornamen des Bräutigams, auf die roten den der Braut.

Ein Spielleiter oder eine Spielleiterin liest den folgenden Brief vor, den er oder sie vom »staatlich anerkannten psychologischen Ehe- und Familienforschungsinstitut« bekommen hat.

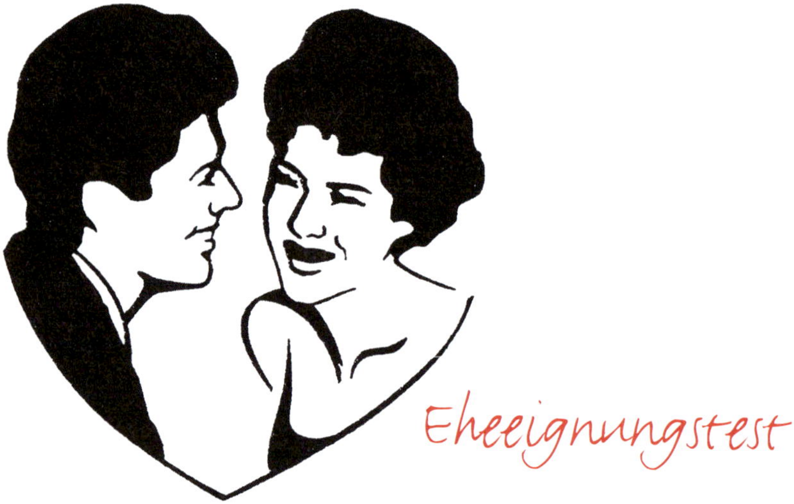

Staatlich anerkanntes psychologisches Ehe- und Familienforschungsinstitut (...Ort)

Sehr geehrte Frau ..., Herr ...(Name),
Sie wurden vom hiesigen Ehe- und Familieninstitut vorgeschlagen und nach längerer Beratung vom Exekutivkomitee einstimmig gewählt und nunmehr durch dieses Schreiben ausgewiesen und ermächtigt, am ..., den ..., während der Hochzeitsfeier von (Name von Braut und Bräutigam) ... den längst fälligen Eheübereinstimmungstest vorzunehmen.

Wie uns das zuständige Ehezuständigkeitsamt erst jetzt mitteilte, haben es die genannten Personen in ihrem Sturm und Drang offenbar unterlassen, sich vor Bestellung des Aufgebotes dem in unseren Landesgrenzen üblichen Eheübereinstimmungstest zu stellen.
Das Paar muss sich nun aus juristischen Gründen nachträglich dem verschärften und öffentlichen Eheübereinstimmungstest unterziehen.
In der Anlage erhalten Sie den Testbogen mit den Fragen und dem Auswertungsschlüssel.
Sollte der Test negativ ausfallen, müsste die Feier allerdings unverzüglich abgebrochen und die Eheschließung annulliert werden.
Die Eheleute müssten weiter fünf Jahre der Fürsorge und Erziehungsgewalt ihrer Familien und Freunde unterstellt werden. Erst nach Ablauf dieser Frist kann die Eheschließung durch das Brautpaar erneut beantragt werden.
Wichtige Hinweise zum Schluss:
Alle Fragen sind wahrheitsgemäß zu beantworten. Es besteht Aussagepflicht. Gegenseitige Absprachen und Zeichen sind ebenso unzulässig wie Zurufe.
Wir erwarten von Ihnen, dass Sie den Test gewissenhaft und unparteiisch durchführen.
Hochachtungsvoll

Durchführung des Spiels
Das Brautpaar stellt sich Rücken an Rücken, und jeder bekommt ein rotes und ein blaues Herzerl. Nach jeder Frage müssen beide ein Herzerl hochheben. Der Spielleiter fragt zum Beispiel: »Wer von euch beiden ist ordentlicher?« Wenn beide der Meinung sind, dass die Braut ordentlicher ist, heben beide das rote Herzerl. Der Spielleiter kreuzt dann in der Fragenliste bei »Übereinstimmung« ein Ja an. Falls das Brautpaar unterschiedlicher Meinung ist und ein rotes und ein blaues Herzerl hochhebt, kreuzt der Spielleiter bei »Übereinstimmung« ein Nein an.
Was soll der Spielleiter tun, wenn beide Mitspieler beide Herzerl hochgehoben haben? Dies kann als Übereinstimmung gewertet werden.

Eheeignungs- und Übereinstimmungstest
(entwickelt durch Prof. Dr. Dr. humoris Sigfrid Freut und die Psychologin Frau Dr. Christa Prügelpeitsch)

Fragen	Übereinstimmung Ja	Nein
1. Wer von euch beiden hatte bei der Planung der Hochzeit das Sagen?	❑	❑
2. Wer von euch beiden hat den anderen von den Vorteilen dieser Hochzeit überzeugt?	❑	❑
3. Wer von euch beiden hat den größeren Dickkopf?	❑	❑
4. Wer von euch beiden ist der bessere Verlierer?	❑	❑
5. Wer von euch beiden wird der Finanzminister sein?	❑	❑
6. Wer von euch beiden hat die bessere Partie gemacht?	❑	❑
7. Wer von euch beiden ist schöner?	❑	❑
8. Wer von euch beiden macht am häufigsten das Frühstück?	❑	❑
9. Wer von euch beiden wickelt den anderen besser um den Finger?	❑	❑
10. Wer von euch beiden hat mehr Laster?	❑	❑
11. Wer von euch beiden ist ordentlicher?	❑	❑
12. Wer von euch beiden ist der größere Nachtschwärmer?	❑	❑
13. Wer von euch beiden hat am häufigsten das letzte Wort?	❑	❑
14. Wer von euch beiden tratscht länger am Telefon?	❑	❑
15. Wer von euch beiden hatte vor dem Kennenlernen mehr Liebhaber?	❑	❑
16. Wer von euch beiden ist häuslicher?	❑	❑
17. Wer von euch beiden lässt sich lieber bedienen?	❑	❑
18. Wer von euch beiden ist intelligenter?	❑	❑
19. Wer von euch beiden flirtet lieber?	❑	❑
20. Wer von euch beiden fängt öfter zu streiten an?	❑	❑
21. Wer von euch beiden macht dem Partner schönere Geschenke?	❑	❑
22. Wer von euch beiden wird heute zuerst einschlafen?	❑	❑

Auswertung

1-6 Übereinstimmungen: Von dieser Ehe ist abzuraten!
7-9 Übereinstimmungen: Dem Paar ist ein seelsorgerisches Gespräch dringend nahe zu legen!
10-12 Übereinstimmungen: Aller Anfang ist schwer, doch wir leben in Hoffnung!
13-15 Übereinstimmungen: Dies wird eine Durchschnittsehe!
16-18 Übereinstimmungen: Gute Startbedingungen für eine gute Ehe!
19-22 Übereinstimmungen: Das Paar darf bereits nächstes Jahr »Goldene Hochzeit« feiern, da es vor Harmonie nur so strotzt!

Testvermerk des Prüfers:

Der Test wurde ordnungsgemäß und vorschriftsmäßig am ... (Datum) durchgeführt. Trotz einiger kleiner Abweichungen war das Maß der Übereinstimmungen zufrieden stellend. Das Paar erzielte ... Übereinstimmungen.

Der Test kann dem Brautpaar dann als Andenken mitgegeben werden.

......................, den ....

gez.: ....

(Unterschrift des Prüfers)

Das Päckchenspiel

Der Sinn des Spiels ist, dem Brautpaar ein lustiges Geschenk bzw. zwei lustige Geschenke zukommen zu lassen. Das Geschenkpäckchen soll, bevor es das Paar erreicht, durch die Hände mehrerer Leute gehen, die in Versen angesprochen werden. Dazu ist nachfolgend ein Gedicht abgedruckt.

Der Inhalt des Päckchens ist Sache des Spielleiters. Gerne wird Reizwäsche für Sie und Ihn verpackt, z. B. ein Spitzen-BH für Sie und eine Unterhose mit lustigem Aufdruck – z. B. Herzchen – für Ihn (siehe Kapitel *Geschenkideen*, S. 125).

Für den Spielverlauf gibt es zwei Möglichkeiten. Entweder liest der Spielleiter die einzelnen Verse vor. Der Vorteil liegt darin, dass er wahrscheinlich in einer größeren Gesellschaft besser gehört wird als bei der anderen Variante, bei der das Geschenk (die Geschenke) zwölf Mal eingewickelt wird und der jeweilige Vers auf einen Aufkleber am Papier geschrieben steht. Jeder, der das Päckchen bekommt, liest dann den für ihn bestimmten Vers vor, wickelt das Papier ab und gibt das Päckchen weiter an den, dem der nächste Vers gilt.

Variation: der sich vor 25, 50 Jahren eine Frau genommen

Für (Vorname des Bräutigams), der heut' eine Frau genommen,
ist eben dieses Päckchen angekommen.
Doch (Vorname des Bräutigams), sei im Leben immer schlau,
und gib's zum Öffnen lieber deiner Frau!

Nun, (Vorname der Braut), ist es in deinen Händen,
und du darfst es einmal wenden.
Doch jetzt gehört das Päckchen noch nicht dir,
gib es dem Herrn, der am weitesten sitzt von dir!

Wenn du auch weit entfernt vom Hochzeitspaar sitzt,
man dich deswegen nicht vergisst.
Schau dich einmal um und zeige deinen Schneid,
und bring es der Dame mit dem schönsten Kleid!

Dein Kleidchen ist zwar hübsch und fein,
doch gehört dir das Päckchen nicht allein.
Steck nicht in alles deine kleine Nase,
sondern bringe es dem Herrn mit der größten Nase!

Die größte Nase hast du sicher nicht,
denn gemessen hat die Dame nicht.
Nun schnurstracks in einer Geraden,
gib's der Dame mit den schönsten Waden!

Du hast wirklich schöne Waden,
schöne Beine hast du auch,
trotzdem gib das Päckchen schnell
dem Mann mit dem allerdicksten Bauch.

Du meinst wohl, wir sind mit dir froh,
du mit deinem Weizenbiersilo.
Doch schau nicht verlegen auf die Uhr,
sondern bring es der Dame mit der schönsten Frisur!

Dein Frisürchen ist wirklich zu beneiden,
doch sei auch etwas bescheiden,
denn das Päckchen ist noch nicht am Platze,
schnell gib's dem Herrn mit der größten Glatze!

Deine Glatze ist ja eine schöne Ehr',
sie kommt vom vielen Studieren her.
Doch heute lass das Studieren sein
und bring's der Dame mit den schönsten Äugelein!

Schöne Augen sind immer ein Genuss,
zum Dank gib dem Herrn mit dem schönsten Bart einen Kuss.
Doch das Päckchen muss noch immer wandern,
drum gib es dem größten Herrn von allen anderen!

Du bildest dir wohl etwas ein,
du seist der größte ganz allein.

Doch gibt es noch größere auf dieser Welt,
für den (Vorname des Bräutigams) ist das Päckchen ja bestellt.

(Der folgende Vers kann bei einer Silber- oder Goldenen Hochzeit weggelassen oder geändert werden)

Variation: Mit deiner Freiheit ist es schon seit … Jahren aus
Variation: so lange schon hast du eine Frau im Haus

Mit deiner Freiheit ist es jetzt aus,
denn nun hast du eine Frau im Haus,
drum kannst du dieses Päckchen nicht behalten,
denn deine Frau soll immer darüber walten!

Nun packt das Päckchen schnellstens aus
und nehmt den Inhalt mit nach Haus!

Die Gerichtsverhandlung

Dieses Spiel ist besonders für eine grüne, aber auch für eine Silber- und Goldene Hochzeit geeignet.
Man benötigt fünf Mitspieler und einen Spielleiter, der den Staatsanwalt darstellt. Zur Vorbereitung haben Sie auf je ein DIN-A4 Blatt mit dem Filzstift groß und deutlich Folgendes geschrieben: »Ja«, »Nein«, »Ich kann mich an gar nichts erinnern«, »Ja, gesiegelt und gestempelt« und »Das habe ich gemacht«.
Der Angeklagte bekommt den Zettel mit der Aufschrift »Ja«. Dies ist seine Antwort auf jede Frage, die ihm gestellt wird. Auch die anderen Mitspieler müssen immer »ihre« Antwort geben.
Für die Klägerin ist der Zettel mit der Aufschrift »Nein« bestimmt.
Der Zettel des Zeugen trägt die Aufschrift »Ich kann mich an gar nichts erinnern.«
Der Schreiber antwortet immer mit »Ja, gesiegelt und gestempelt.«
Der Verteidiger hat »Das habe ich gemacht« zu sagen.
Der Spielleiter stellt den Staatsanwalt dar, er lässt die Mitspieler einen Halbkreis bilden.

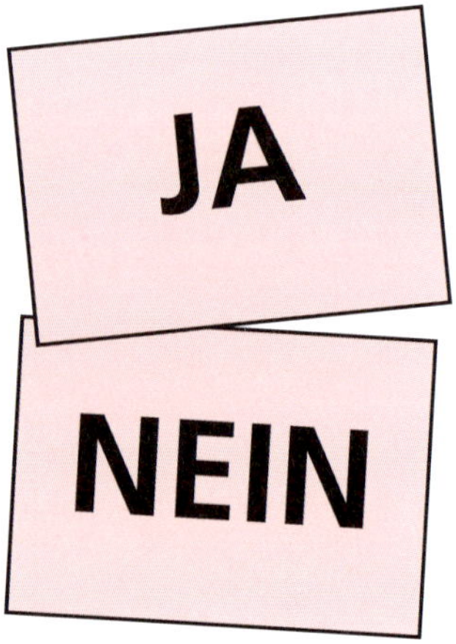

Jeder hält in Brusthöhe seinen Zettel vor sich, sodass die anwesenden Festgäste ihn lesen können. Den Text auf dem Zettel muss jeder Mitspieler auswendig hersagen, dies dürfte bei der Kürze des Textes nicht so schwierig sein! Im Notfall kann auch einmal »gespickt« werden.

Der Staatsanwalt ruft nun zuerst den Angeklagten auf.
Der Staatsanwalt: Angeklagter, Sie sind Vater von neun Kindern? Waren Sie mit der Klägerin näher bekannt? Hatten Sie ein Verhältnis mit der Klägerin? Sie hatten vor vier Jahren schon ein Kind? Und vor eineinhalb Jahren Drillinge mit der Klägerin?
Der Angeklagte antwortet, den Spielregeln gemäß, immer »Ja«. Dann kommt die Klägerin dran.
Der Staatsanwalt: Klägerin, stimmt das? Sie hatten nie ein Verhältnis mit dem Herrn? Sind Sie mit dem Zeugen näher bekannt oder verwandt?
Die Klägerin antwortet mit »Nein«. Der Staatsanwalt wendet sich dem Zeugen zu:
Der Staatsanwalt: Zeuge, Sie sind vor ... Jahren am ... 19... in .... geboren, stimmt das? Sie waren doch bei dieser Party zugegen? Was ist da vorgefallen? Wann waren Sie das letzte Mal nüchtern? Schildern Sie doch mal den Geschworenen Ihre Vergangenheit!
Der Zeuge sagt auf alle Fragen: »Ich kann mich an gar nichts erinnern.« Da nimmt sich der Staatsanwalt den Schreiber vor.
Der Staatsanwalt: Schreiber, Sie haben doch alles bisher notiert? Das zusammengetragene Material haben Sie doch unter Verschluss, stimmt das?
Der Schreiber antwortet »Ja, gesiegelt und gestempelt«. Zuletzt gehen Fragen an den Verteidiger.
Der Staatsanwalt: Verteidiger, Wer hat die Untersuchung eingeleitet? Wer hat die Befragung durchgeführt? Meinen Sie, die Wahrheit gefunden zu haben?
Der Verteidiger antwortet immer mit »Das habe ich gemacht.«

Nun beginnt sozusagen die zweite Runde: Der Staatsanwalt wendet sich reihum an die Mitspieler, die immer weiter ihre einzige Antwort geben.
Angeklagter, Sie waren doch zu dieser Party zugegen? Sie hatten doch wieder mal nichts an als eine Schleife im Haar und ein paar Sockenhalter?
Klägerin, sind Sie keusch? Sie trugen auf dieser Party doch nur Pantoffeln! Tragen Sie sonst noch Kleidungsstücke zu diesen Anlässen? Können Sie uns das auch mal vormachen?
Zeuge, Sie tranken doch an diesem Abend 32 Schnäpse und 12 Gläser Wein? Was bemerkten Sie dann?
Angeklagter, Sie trugen doch einen Bauchtanz auf dem Tisch vor? Sind Sie sehr gelenkig? Üben Sie zu Hause regelmäßig? Waren die Zuschauer entzückt von Ihrer Leistung? Ist denn die Klägerin rassig und feurig? Der Verteidiger war dienstlich zu dieser Party?
Verteidiger, Sie haben sich doch Notizen gemacht? Und Sie haben einen Schlussstrich gezogen? Sie haben dem Treiben da zugesehen? Wer berührte dann die Klägerin unsittlich? Wer veranlasste dann auch noch, dass dann die restlichen Kleidungsstücke abgelegt wurden? Danke!
Schreiber, Sie haben doch den Auftrag gehabt, das Fest zu beobachten? Was hat der Angeklagte mit der Klägerin in der Speisekammer getan? Und was hat dann die Köchin im Hausflur gemacht? Sie sollten sich doch auch die Kleidungsstücke der Klägerin ansehen, wie sahen die denn aus?
Verteidiger, wer ließ die Gäste dann eine Polonaise unter den Straßenlaternen durchführen?
Klägerin, Sie sagten doch, Sie hätten noch keine Kinder? Sie hatten noch kein Verhältnis mit einem Mann? Sind Sie noch Jungfrau?
Angeklagter, haben Sie jemanden mit der Klägerin verkehren sehen? Ist er hier im Haus?
Zeuge, Sie hatten doch früher auch ein Verhältnis mit der Klägerin? Passiert denn so etwas öfter und weiß Ihre Frau davon? Wann hatten Sie denn das letzte Mal ein Erlebnis mit Ihrer Frau?
Schreiber, Sie hatten doch vorhin gemerkt, dass der Verteidi-

ger mit der Klägerin hinter der Kanzlei war. Was hat er dort gemacht?
Verteidiger, stimmt das? Wer ist der Vater von den Drillingen? Wer hat die Köchin in den Hintern gebissen? Wer hat die ganze Schweinerei gedeckt?

Zum Schluss verkündet der Staatsanwalt das Urteil. Für den Angeklagten kann sich jeder Staatsanwalt individuell eine Strafe ausdenken, z. B. lässt er ihn auf einem Bein im Kreis hüpfen usw. Ob und wie viel man den Zeugen, den Schreiber und den Verteidiger zahlen lässt, bleibt der Festgesellschaft überlassen.
Der Staatsanwalt: Das genügt und damit ist die Beweisaufnahme abgeschlossen. Hier ist die Urteilsverkündung:
Der Angeklagte hat gar nichts gemacht, muss aber …
Der Zeuge zahlt eine Runde für die Damen im Haus und versucht, sich an seine Frau zu erinnern.
Der Schreiber zahlt eine Runde für die Herren, so wahr es gesiegelt und gestempelt ist.
Der Verteidiger wird für schuldig befunden und bezahlt die ganze Zeche.

Das Männlein-Spiel

Auch bei diesem lustigen Spiel geht es darum, die Harmonie des Ehepaars zu testen.
Die Braut steht hinter dem Bräutigam und muss, ohne ihn sehen zu können, verschiedene Tätigkeiten für ihn ausführen, die nach dem morgendlichen Aufstehen anfallen. Der Bräutigam sieht dabei aus wie ein kleines Männlein – daher der Name dieses Spiels.

Die Vorbereitung des Spiels

Die Vorbereitungen für dieses Spiel dauern etwas länger, denn für das Männlein muss ein Anzug genäht werden.
Man benötigt ein altes weißes Bettlaken, einen alten Schlafanzug oder ein Oberhemd mit langen Ärmeln und alte Bermuda-Shorts. Man kann auch eine alte Jeans abschneiden oder aus buntem Stoff eine Hose nähen, die ca. 50 cm lang

So entsteht der Männlein-Anzug

Bettuch

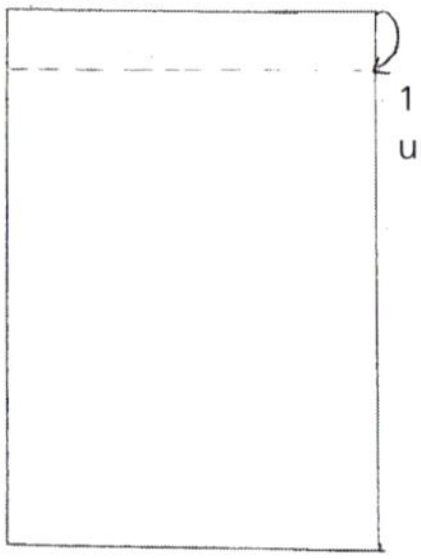

sein sollte. Außerdem benötigt man ein Rundholz (Besenstiel), das etwa 20 cm länger sein soll als die Schmalseite des Bettlakens.

Zuerst wird die obere Kante der Schmalseite des Bettlakens so umgeschlagen und zusammengenäht, dass man das Rundholz durchstecken kann.
Das alte Schlafanzugoberteil oder Oberhemd wird an den Seitennähten, den hinteren Armkugeln und ca. 10 cm hinter Schulter und Kragen aufgeschnitten und an das Bettlaken angenäht.
Anschließend schneidet man das Bettlaken in der Breite des Hosenbundes auf und näht die vordere Seite des Hosenbundes an das Oberhemd und die hintere Seite an das Bettlaken an.
Das Bettlaken wird nun hinter den Nähten des aufgenähten Hemdes ausgeschnitten und die Hose vorne an das Oberhemd und hinten an das Bettlaken angenäht.
Man kann das Bettlaken noch um 50 cm kürzen.

2 – an der Seitennaht aufschneiden
3 – annähen

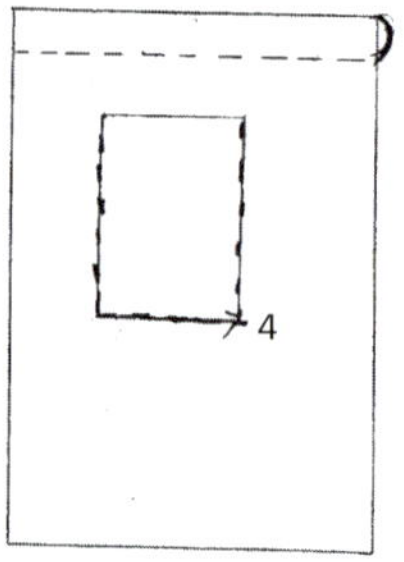

4 – aufschneiden
5 – Hose annähen
6 – Rest ausschneiden
7 – Rundholz durchstecken

Die Ausführung des Männlein-Spiels

Für die Ausführung des Männlein-Spieles benötigt man einen Tisch und viele Waschutensilien, nämlich: einen kleinen Eimer, den man halb mit Wasser füllt, einen Waschlappen, ein kleines Handtuch, einen Zahnputzbecher mit Wasser, eine Zahnbürste und Zahnpasta. Weitere Utensilien sind ein Kamm, Gesichtscreme und evtl. Rasierschaum oder geschlagene Sahne, ein Rasierpinsel und ein stumpfer Gegenstand zum Rasieren (z. B. ein kleines Kunststofflineal) sowie etwas Tagescreme.
Außerdem bekommt das Männlein ein Frühstück: ein Tässchen mit Kaffee (oder Saft oder Wasser) und eine mit Butter und Marmelade bestrichene Semmel oder ein Stück Brot.
Spieler sind: das Brautpaar. Außerdem brauchen Sie zwei Mitspieler, die das Bettlaken mit dem Männlein-Anzug hochhalten, und einen Spielleiter, der die Utensilien verteilt und Anweisungen gibt.

Zu Beginn des Spiels begeben sich die zwei Mitspieler hinter den Tisch und halten das Betttuch hoch.

Der Bräutigam muss seine Schuhe ausziehen und auf den Tisch stellen. Dann steckt er den Kopf durch die Kragenöffnung des Hemdes und seine Arme durch die Hosenbeine. Seine Hände steckt er in die Schuhe.

Die Braut stellt sich hinter ihn und steckt ihre Arme durch die Hemdsärmel, die man etwas hochkrempelt. Nun ist das Männlein fertig!

Der Spielleiter sagt: »Wir wollen jetzt einmal sehen, wie gut das Brautpaar zusammenpasst und zusammenarbeiten kann.«

Der Bräutigam – nennen wir ihn Peter – muss die Augen schließen, denn er schläft.

Der Spielleiter lässt einen imaginären Wecker klingeln und sagt: »Ring, ring, ring ..., es ist sieben Uhr morgens und der Peter steht auf.«

Das Männlein öffnet die Augen.

Der Spielleiter macht den Waschlappen in dem Eimer nass und sagt: »Der Peter ist noch müde und wäscht sich erst einmal mit kaltem Wasser das Gesicht.«

Er gibt dem Männlein den Waschlappen in die Hand, und die

Braut muss dem Bräutigam das Gesicht waschen, ohne ihn zu sehen.
Der Spielleiter sagt: »Nun trocknet sich der Peter das Gesicht ab« und gibt ihm das Handtuch. Die Braut trocknet den Bräutigam ab.
Der Spielleiter drückt etwas Zahnpasta auf die Zahnbürste, gibt sie dem Männlein mit dem Kommentar: »So, nun putzt sich der Peter die Zähne.«
Die Braut putzt dem Bräutigam, so gut sie kann, die Zähne. Dies führt, vor allem wenn sie »daneben« putzt, gewöhnlich zu Lachsalven.
Der Spielleiter nimmt den gefüllten Zahnputzbecher und gibt ihn dem Männlein zum Spülen. Das gebrauchte Wasser spuckt der Bräutigam in den Wassereimer, mit dem Handtuch wird sein Gesicht abgeputzt.
Wenn man möchte, kann sich das Männlein rasieren. Man gibt dem Mitspieler einen Rasierpinsel, den man in Rasierschaum oder in Sahne getaucht hat. Das Männlein soll sich zuerst einpinseln und danach mit einem Kunststofflineal »rasieren«. Mit dem Handtuch wird der Schaum (oder die Sahne) wieder abgeputzt.
Der Spielleiter sagt: »Da der Peter besonders gepflegt aussehen will, cremt er sich das Gesicht ein!«, und gibt dem Männlein die Creme.
Zuletzt muss sich das Männlein die Haare kämmen.
Der Spielleiter meint: »Mit der Pflege ist der Peter jetzt fertig, nun nimmt er sein Frühstück ein.«
Man gibt ihm die Tasse mit dem Kaffee und den Teller mit der Semmel oder dem Stück Brot, und die Braut muss den Bräutigam »füttern«.
Schluss des Spiels: Je nachdem, wie das Zusammenspiel der Brautleute geklappt hat, kann der Spielleiter sagen: »So, der Peter ist jetzt fertig, er kann nun in die Arbeit gehen. Wie wir gesehen haben, klappt eure Zusammenarbeit sehr gut (oder: gut). Wir können ja das Spiel in fünfundzwanzig Jahren noch einmal machen und schauen, ob ihr dazugelernt habt.«

Die Kutsche

Für dieses Spiel braucht man zehn Personen und zehn Stühle. Die Stühle sollen eine Kutsche mit vier Pferden darstellen. Dazu bildet man ein Viereck aus vier Stühlen. Die Spieler, die darauf sitzen, sind die vier »Pferde«: zwei vordere Pferde und zwei hintere Pferde.

Dahinter stellt man einen Stuhl, auf den sich der »Kutscher«setzt. Nun bildet man hinter dem Kutscher ein Viereck mit vier Stühlen und vier darauf sitzenden Mitspielern, das sind die »Räder«.

In der Mitte dieses Vierecks nimmt die »Prinzessin« auf einem Stuhl Platz.

Der Spielleiter liest nun eine Geschichte vor, und wenn Mitspieler angesprochen werden, müssen diese einmal um den Stuhl laufen und sich wieder hinsetzen. Wenn beispielsweise das Wort »Prinzessin« fällt, muss die Prinzessin aufstehen, usw. Besonders turbulent wird es natürlich, sobald das Wort »Kutsche« fällt, denn dann müssen alle Mitspieler aufstehen und einmal um ihre Stühle laufen.

Man sollte die Geschichte langsam vorlesen und nach den wichtigen Wörtern eine kleine Pause machen, damit die Mitspieler Zeit haben, um ihre Stühle herumzulaufen.

Die Geschichte lautet:

Die Prinzessin fährt mit ihrer Kutsche durch den Wald, denn sie ist auf dem Weg zu ihrem Schloss. Der Kutscher ist ein guter Freund von ihr, der die Pferde sehr gut lenkt. Plötzlich liegt ein Baumstamm im Weg. Die zwei vorderen Pferde scheuen, die zwei hinteren Pferde bäumen sich auf, der Kutscher brüllt »brrrr«, die Kutsche wackelt und die Prinzessin schreit »Hilfe!«. Die Kutsche kippt um, die zwei linken Räder brechen, und die Prinzessin fliegt aus der Kutsche. Der Kutscher fällt vom Kutschbock herunter.

Die Prinzessin hat sich das Bein verstaucht und der Kutscher den Arm gebrochen. Beide sitzen hilflos da. Nach einiger Zeit kommt der Prinz mit seinem Gefolge zufällig des Weges geritten. Sie reparieren die linken Räder und stellen mit vereinten Kräften die Kutsche wieder auf.

Die Prinzessin und der Kutscher nehmen in der Kutsche Platz, ein Herr vom Gefolge setzt sich auf den Kutschbock, treibt die Pferde an und die Fahrt kann weitergehen.

Das Wadelspiel

Bei diesem Spiel soll die Braut mit verbundenen Augen den Bräutigam an seinen Wadeln erkennen. Dazu braucht man einige Mannsbilder aus der Festgesellschaft, die auf Stühlen im Kreis Platz nehmen. Jeder Mann krempelt das rechte Hosenbein hoch, und die Braut tastet die Wadeln ab.
Man kann dieses Spiel auch umgekehrt durchführen. Der Bräutigam bekommt die Augen verbunden und muss die Wadeln seiner Braut in einem Kreis von mehreren Damen erkennen.
Ein Tipp für Ausgelassene: Veranstalten Sie dieses Spiel, wenn das Brautpaar noch nüchtern ist, um zu vermeiden, dass »daneben gegriffen« wird.

Die Reise nach Jerusalem

Die »normale« Reise nach Jerusalem

Dieses Kinderspiel kennt jeder. Man benötigt elf Stühle, zwölf Spieler – und Musik. Die Stühle werden in einer Reihe so aufgestellt, dass ihre Lehnen abwechselnd nach vorn und nach hinten zeigen. Sobald die Musik beginnt, laufen alle Spieler im Gänsemarsch um die Stühle herum. Die Musik bricht ab, und jeder setzt sich so schnell wie möglich. Wer keinen Platz bekommen hat, scheidet aus. Man nimmt einen Stuhl weg, die Musik beginnt wieder, und das Spiel beginnt von neuem, bis ein Spieler den einzigen, letzten Stuhl besetzt.

Die Reise nach Jerusalem mit Besorgungen

Bei dieser Variation der Reise nach Jerusalem müssen die Spieler Sachen besorgen. Das geht so: Alle laufen um die Stühle herum, bis der Spielleiter z. B. sagt: »Alle müssen eine Uhr besorgen und sich wieder hinsetzen.«
Nun sind natürlich die im Vorteil, die eine Uhr tragen. Die anderen müssen sich von den Festgästen so schnell wie möglich eine Uhr besorgen, erst danach dürfen sie sich wieder hinsetzen.
Man kann die Mitspieler alle möglichen Dinge holen lassen (natürlich keine unmöglichen, wie zum Beispiel eine lebende Klapperschlange.)

Hier sind einige Beispiele:
Kamm
100-Mark-Schein
Personalausweis
Ehering
schwarzer Schuh
schwarzer Schnürsenkel
ein blondes Haar
Lippenstift
Glas
Löffel
Brieftasche
Kreditkarte

Die Reise nach Jerusalem mit Aufgabenerfüllung
Bei dieser Variante muss der Spieler eine Aufgabe erfüllen, der gerade ausscheidet.
Der Spielleiter überlegt sich für die zwölf Monate, die der Hochzeit folgen, zwölf Aufgaben. Falls die Hochzeit im Mai ist, wird die erste Aufgabe dem ersten Ausscheidenden für Juni erteilt, dem zweiten für Juli usw.

Wichtig: Die Aufgaben müssen den Spielern schriftlich übergeben werden, und das Brautpaar bekommt eine zweite Ausfertigung dieser »Gutscheine«.
Welche Aufgabe bekommt der Gewinner des Spiels? Er bekommt eine andere Art von Gutschein: Das Brautpaar muss ihn zum Essen einladen.

Beispiele für Aufgaben sind:
Kuchen backen
Blumen schenken
alle Schuhe putzen
in den Biergarten einladen
ein Picknick veranstalten
zum Grillen einladen
zur Pizza einladen
selbst gebackene Plätzchen schenken
auf den Weihnachtsmarkt gehen und Glühwein spendieren
Fenster putzen

Die Jux-Tombola
Dieses Spiel ist immer ein lustiger Höhepunkt. Der Sinn dieser Tombola besteht darin, die Gewinne so zu beschreiben, dass sie sehr wertvoll oder nützlich erscheinen. Dabei sind sie es gar nicht, oder hinter den Beschreibungen verbirgt sich sich etwas ganz anderes.
Ein Beispiel: Der Hauptgewinn ist eine Traumreise für zwei Personen. Der Gewinner freut sich – bis er merkt, dass ihm lediglich zwei Schlaftabletten ausgehändigt werden.
Der Spielleiter ist zugleich Auktionator – eine Glanzrolle! Der Preis für ein Los kann festgesetzt oder als freiwilliger Beitrag gefordert werden. Der Erlös kommt dem Brautpaar, dem Veranstalter der Verlosung oder einem guten Zweck zugute.

Beispiele für mögliche Gewinne:

1. Preis:
Traumreise für zwei Personen = zwei Schlaftabletten oder
Porsche oder Rennwagen = Matchboxauto
2. Preis:
Hubschrauberrundflug = ein Matchbox-Hubschrauber, den man bei der Gewinnverteilung einmal kreisen lässt
3. Preis:
Ein Essen für zwei Personen = eine Tütensuppe

Weitere Preise:
Küchengerät = Kochlöffel
Bügeleisen = Metall-Kleiderbügel (von der Reinigung)
Software-Paket = ein Päckchen Watte
Massagegerät = Handbürste
mehrere Streichinstrumente, von einem großzügigen Veranstalter gestiftet = ein Päckchen mit Streichhölzern
oder
ein Streichinstrument = ein Streichholz in einer Schachtel
Porträt = kleiner Taschenspiegel
Schlankmacher = Gürtel
Superreiniger Wischweg = Klopapier
Weißmacher = Seife
Badezubehör = Stöpsel
Creme für unten = Schuhcreme
Creme für oben = Zahnpasta
Brustbeutel = BH
Haustier = Schnecke vom Bäcker
Datenbank = Notizbuch
Rohrnudeln = Makkaroni
Blick in die Zukunft = neuer Kalender

Die Stimmung steigt, wenn zu jedem Gewinn noch ein Kommentar abgegeben wird und der Spielleiter z. B. bei dem Porträt (Spiegel) sagt: »Je freundlicher du schaust, desto besser gelingt das Porträt.«

Wenn Sie in Geschäften oder zu Hause herumstöbern, finden Sie sicher noch viele Dinge, die sich als Gewinne eignen.
So entdeckte ich z. B. ein ganz kleines Kochbuch mit 90 Nudelgerichten und machte daraus einen Gewinn: »90 italienische Spezialitäten«. Für eine Feier auf einem Schiff, das auf der Altmühl fuhr, kaufte ich eine kleine Flasche Altmühltaler Mineralwasser, das als »Spezialität aus dem Altmühltal« verlost wurde. Eine Postkarte, auf der drei Weißbier abgebildet waren, wechselte als »drei Weißbier« den Besitzer.
Natürlich kann es bei einer Verlosung auch Nieten geben. Die Verlierer bekommen eine »echte« Niete in die Hand gedrückt. Sie kaufen Nieten in der Kurzwarenabteilung eines Kaufhauses oder trennen sie von alten Jeans ab.

Das Säckchenspiel

Bei diesem Spiel stecken verschiedene Dinge in zehn kleinen, fest zugenähten Säckchen aus Stoff. Die Spieler müssen durch Fühlen erraten, was in den Säckchen ist. Wer richtig errät, bekommt einen kleinen Preis.

Diese Dinge können Sie einnähen: Murmeln, Pfennige, Wollfäden Watte, Kieselsteine, getrocknete Linsen, Smarties, Büroklammern Haselnüsse, Teebeutel

Der Intelligenztest

Sie brauchen für jeden Festgast eine Kopie des folgenden »Intelligenztests« und einen Stift. Verteilen Sie beides und geben Sie ein Startzeichen. Wer seinen Testbogen am schnellsten abgibt und richtig beantwortet hat, hat gewonnen. Natürlich verraten Sie den Spielern nicht, dass der siegen wird, der sich zuerst die Aufgaben durchliest, denn bei der 15. Aufgabe steht, dass man nur die Fragen 1, 15 und 16 beantworten muss.

Intelligenztest

Lesen Sie bitte die Aufgabenstellung exakt durch und folgen Sie genau den Anweisungen!

Es ist nicht gestattet zu sprechen oder Fragen zu stellen!

Sehen Sie nur auf Ihr eigenes Blatt! Geben Sie sofort nach der Lösung Ihr Blatt ab!

Die Aufgaben:

1. Schreiben Sie in die rechte obere Ecke Ihren Namen!
2. Welche Zahl liegt zwischen 18 und 20?
3. Schnippen Sie laut mit dem Finger!
4. Errechnen Sie die Summe der Zahlen 3678 und 9765!
5. Machen Sie mit dem Stift ein Loch in Ihr Blatt!
6. Schreiben Sie drei Hauptstädte auf!
7. Wenn Sie glauben, die Frage 6 richtig beantwortet zu haben, so rufen Sie laut »Hallo«!
8. Multiplizieren Sie 18 mit 367!
9. Machen Sie drei Kreuze in die obere linke Ecke!
10. Unterstreichen Sie die Überschrift noch zweimal!
11. Was essen Sie am liebsten?
12. Malen Sie in die untere linke Ecke ein Strichmännchen!
13. Wenn Ihnen Ihr Strichmännchen gefällt, dann rufen Sie laut »Jawohl«!
14. Geben Sie Ihrem Männchen einen Namen!
15. Beantworten Sie nur die Fragen 1, 15 und 16!
16. Geben Sie Ihr Blatt ab!

Tanzspiele

Auch wenn Sie leidenschaftliche Anhänger von Rap, Techno, Hiphop und anderen modernen Tanzstilen sind: Für diese Spiele eignen sich nur klassische Tänze, weil stets paarweise getanzt wird.

Spiele zur Partnerwahl

Diese Spiele wird ein erfahrener Festgestalter vor allem dann aufs Programm setzen, wenn eine Festgesellschaft sich nicht »mischen« will, weil die Familienverbände oder die Generationen oder die Freundeskreise ständig zusammenhocken.

Die Kette

Musik: Flotte Marschmusik.

Um alle Festteilnehmer von den Stühlen zu holen, braucht man einen Herrn, der einer Dame die Hand reicht und sie auf die Tanzfläche führt. Die Dame reicht wiederum einem Herrn die Hand, und dieser einer Dame. So bildet sich eine Kette, die durch den Saal marschiert. Wenn alle auf der Tanzfläche sind, gibt der Anführer das Kommando: Jeder wendet sich der Dame zu, die hinter ihm geht, und tanzt mit ihr.

Der Schneeballtanz

Musik: Foxtrott oder Jive

Zuerst geht ein Paar auf die Tanzfläche und tanzt eine halbe Runde. Dann sucht sich die Dame einen neuen Tanzpartner und der Herr eine neue Tanzpartnerin. Wieder wird eine halbe Runde getanzt, dann lösen sich die Paare auf, und jeder sucht sich einen neuen Partner. So verdoppelt sich nach jeder halben Runde die Anzahl der Tanzpaare, bis kein Platz mehr für andere Paare vorhanden ist oder alle Festgäste auf der Tanzfläche sind.

Der Prominententanz

Musik: Langsamer Walzer oder Slowfox

Der Spielleiter schreibt die Namen von prominenten Paaren auf Zettel, und zwar jeweils die Frau auf einen rosa, den Mann auf den blauen Zettel. Für jedes tanzlustige Paar unter den Festgästen braucht er ein prominentes Paar. Die Zettel werden gefaltet und nach Farben getrennt in zwei Schalen gelegt. Jede Dame darf ein blaues Los ziehen, jeder Herr ein rosa. Es bilden sich dann z. B. folgende Paare:

Tarzan und Jane
Queen Elizabeth und Prince Philip
Romeo und Julia
Daisy und Donald Duck
Julius Cäsar und Cleopatra
Doris Schröder-Köpf und Gerhard Schröder
Adam und Eva
Tristan und Isolde
Hillary und Bill Clinton
Ingrid Bergman und Humphrey Bogart

Die Polonaise

Musik: Die klassische Polonaise von Chopin oder das Lied von Gottfried Wendehals: »Jetzt fliegen gleich die Löcher aus dem Käse, denn nun geht sie los, unsere Polonaise ...«

Die Polonaise ist ein altes Tanzspiel, das garantiert für Stimmung sorgt.

Einer führt die Polonaise an, alle laufen im Takt der Musik hintereinander, am besten immer Weiblein hinter Männlein, und legen die Hände auf die Schultern des anderen. Es kann durch den ganzen Saal gehen, im Kreis, in Schlangenlinien und zwischen den Tischen hindurch. Mitunter zieht man ins Freie, wenn kein Protest der Nachbarn zu befürchten ist, oder ins Treppenhaus, durch den Keller, über den Speicher ... Man muss auch nicht immer nur gehen. Warum nicht auf einem Bein hüpfen, rückwärts wandern oder in der Hocke laufen? Es können sich auch alle an den Händen fassen und seitlich hüpfen.

Am Ende der Polonaise fasst sich das erste Paar an den Hän-

den, hebt die Arme und bildet so ein Tor, unter dem das zweite Paar hindurchgehen muss und gleich daneben ein weiteres Tor bildet. Jedes Paar läuft durch diesen Gang und verlängert ihn, indem es sich an sein Ende stellt. Bis das erste Paar wieder hindurchtauchen kann ...
Am Ende des Ganges kann man zwei Stühle aufstellen, auf die das Paar steigt. Beide bekommen die Aufgabe, ein Glas Schnaps auf Ex zu trinken und sich zu küssen. Danach dürfen sie von den Stühlen herabsteigen, und das nächste Paar darf (oder muss) sich küssen.

Gleichgewichtstänze

Der Luftballontanz

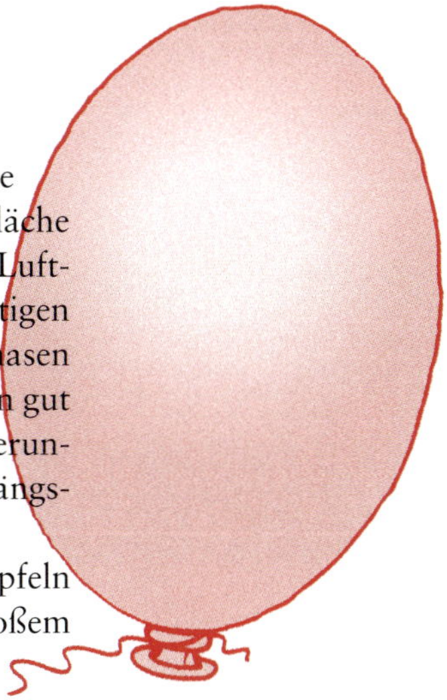

Musik: Walzer, Rock'n'Roll, andere sehr schnelle Tänze
Dieses Tanzspiel gelingt am besten, wenn die Tanzfläche recht voll ist. Jedes Paar bekommt einen aufgeblasenen Luftballon und klemmt ihn beim Tanzen mit den beiderseitigen Stirnen fest. Tänzer mit Himmelfahrts- oder Hakennasen sind deutlich im Vorteil, da sich bei ihnen der Luftballon gut festsetzen kann. Jedes Paar, bei dem der Luftballon herunterfällt, scheidet aus. Das Paar, das den Luftballon am längsten behält, hat gewonnen.
Variationen: Sie können dieses Tanzspiel auch mit Äpfeln oder Orangen veranstalten. Dann sind Paare mit großem Größenunterschied klar im Nachteil!

Der Nusstanz

Bei diesem Tanz müssen Walnüsse mit den Nasen gehalten werden. Dieses Tanzspiel ist um einiges schwerer als der Luftballon-, Orangen- oder Apfeltanz. Diejenigen, die die Nuss verlieren, scheiden aus.

Der Unterhosentanz

Musik: Flotte Rhythmen! Aber auch zum Tango wirkt dieses Spiel gut.
Vorbereitung: Sechs lange Männer-Unterhosen werden über den Knien abgeschnitten. Man kann den Saum umnähen, damit er nicht ausfranst.

Sechs Tanzpaare werden auf die Tanzfläche gebeten, und bevor die Musik einsetzt, müssen die Damen die Unterhosen anziehen. Dann beginnt der Tanz. Nach einiger Zeit bricht die Musik ab. Die Damen ziehen die Unterhosen so schnell wie möglich aus, und die Herren müssen sie überziehen. Das Paar, das am langsamsten ist, scheidet aus. Die Musik beginnt wieder, die übrigen Paare tanzen weiter, bis die Musik wieder aussetzt. Jetzt ziehen die Männer so schnell wie möglich die langen Unterhosen wieder aus, und die Damen müssen sie anziehen. Und so weiter, bis ein siegreiches Paar übrig bleibt.

Der Luftballontrampeltanz

Musik: Schnelle Rhythmen, auch lateinamerikanische

Für diesen Tanz brauchen Sie aufgeblasene Luftballons und Schnüre von ca. 60 cm Länge. Die Luftballons werden an die Schnüre geknotet und den Herrn an das rechte Schienbein gebunden. Beim Tanzen müssen alle Tanzenden versuchen, die Luftballons der anderen zu zertreten. Das Paar, das seinen Luftballon am längsten behält, hat gewonnen.

Der wandernde Hut

Musik: Langsamer Walzer, Foxtrott

Für dieses Spiel brauchen Sie einen nicht allzu schonungsbedürftigen Herrenhut. Bevor die Musik beginnt, trägt ihn einer der Tänzer. Seine Partnerin nimmt dem Herrn während des Tanzes den Hut ab und setzt ihn einem anderen Herrn auf den Kopf. Dessen Partnerin nimmt ihn ab und setzt ihn einem anderen Herrn auf den Kopf. Bis die Musik plötzlich abbricht und das Tanzpaar ausscheidet, das den Hut gerade hat.

Am Ende sind noch zwei Paare auf der Tanzfläche, die sich wütend verfolgen, den Hut in der Hand. Das Paar, das beim Abbrechen der Musik dann nicht im Besitz des Hutes ist, hat gewonnen.

Der Zeitungstanz

Musik: Flotte Rhythmen, Foxtrott oder Jive

Man verstreut auf der Tanzfläche Zeitungsseiten, und zwar eine weniger, als Tanzpaare da sind.

Alle Tanzpaare tanzen um die Zeitungsseiten herum. Die Musik bricht ab, und jedes Paar versucht, sich auf ein Zeitungspapier zu stellen. Wer es nicht schafft, scheidet aus. Natürlich versuchen die Paare, möglichst dicht um ein Papier herumzutanzen. Es gibt einen »Verdrängungswettbewerb«, der jedoch nicht zu brutal durchgeführt werden sollte.

Man kann die Ausscheidenden bei diesem Spiel auch Aufgaben erfüllen lassen, wie bei der *Reise nach Jerusalem mit Aufgabenerfüllung* (s. S. 59).

Der Nudelholztanz

Musik: Marschmusik

Damen und Herren stehen sich in Reihen gegenüber. Der Abstand beträgt drei bis fünf Meter. Der ganz links stehende Tänzer klemmt sich ein Nudelholz unter den linken Arm und übergibt es, sobald die Musik zu spielen beginnt, der gegenüber stehenden Tänzerin, indem er ihr es unter den linken Arm steckt. Vorsicht, er darf die Hände nicht benutzen! Nun läuft die Dame zu dem zweiten Tänzer von links und gibt ihm das Nudelholz in der gleichen Weise.

Wenn das Nudelholz bei der letzten Tänzerin angelangt ist, startet der Spielleiter das Spiel in der nächsten Variante: Der ganz links stehende Tänzer bekommt das Nudelholz zwischen die Beine gesteckt und muss es der ersten Frau ohne Benutzung der Hände zwischen die Beine stecken.

Bei der folgenden Spielart wird die Übergabe erschwert, indem sich Männer und Frauen Rücken an Rücken gegenüberstellen müssen und das Nudelholz zwischen die Beine gesteckt wird: Es wird rückwärts übergeben.

Ein Spieler, dem das Nudelholz herunterfällt, muss nicht ausscheiden, weil es dann keine Gleichzahl von Männern und Frauen mehr gäbe.

Lieder für die Feier

Lieder können Hochzeitsgesellschaften wunderbar in Schwung bringen. Sie sollten in der Hochzeitszeitung abgedruckt oder – falls es keine Zeitung gibt – vervielfältigt und ausgeteilt werden, sodass jeder mitsingen kann. Besonders schön ist es natürlich, wenn eine Band (oder ein Klavier- bzw. ein Gitarrespieler) den Gesang begleitet. Aber die meisten Lieder sind so allgemein bekannt, dass sie auch ohne Begleitung gesungen werden können.
Die meisten Lieder, die nun folgen, passen besonders gut bei einer grünen Hochzeit.

Lieder für alle

Ein Lied fürs Brautpaar

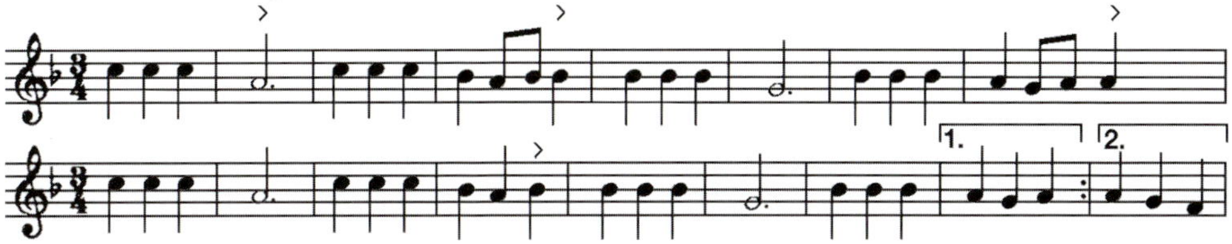

Als Gott der Herr den Volker hat erschaffen,
mit ihm die Vögel, Fische und auch Affen,
da hat er in die weite, weite Welt
den Volker ganz allein hineingestellt.

Und als der Herr den Volker dann mal fragte,
wie ihm die Zeit im Paradies behagte,
da schrie der laut: »Allmächtig großer Gott,
o hilf mir doch aus dieser schweren Not!«

Und als der Volker dann mal hat geschlafen,
mit ihm die Vögel, Fische und auch Affen,
da nahm der Herr ihm eine Rippe raus
und schuf dies wunderschöne Weib daraus.

Und als der Herr den Volker dann mal fragte,
wie ihm sein Weib, die Britta, wohl behagte,
da schrie er: »Reiß mir alle Rippen raus
und mach mir lauter solche Brittas draus!«

So trat der Herr drei Schritte zu ihm vor
und flüsterte ganz leise ihm ins Ohr:
»Probier's ein Jahr, ein Jahr probier's mit ihr,
vielleicht genügt dann diese eine dir!«

Nach einem Jahr der Herr ihn fragte,
ob ihm eine zweite Britta behagte,
da schrie er: »NEIN, OH NEIN, OH NEIN,
HERR, SETZ MIR MEINE RIPPE WIEDER EIN!«

Lustiger Hochzeitsgesang
Melodie: »Eine Seefahrt, die ist lustig«

Eine Hochzeit, die ist lustig,
eine Hochzeit, die ist schön,
denn dann kann man die Verwandtschaft
allesamt mal fressen sehen!
Refrain: Holla hi holla hoo holla hia hia hia holla ho.

Ja, die Braut hat uns geladen
und der Bräut'gam mit dazu,
denn wir rochen gleich den Braten,
und wir sagten auch gleich zu.

Und der (Name des Bräutigams) hat nischt zu melden,
doch er knackt die harte Nuss,
's Lachen wird ihm noch vergehen,
wenn er alles zahlen muss.

Auch die noblige Verwandtschaft,
die kam angerast, tack......tack,
mit der Taxe, mit Motorrad
oder mit 'nem Hanomag.

Alle sind sie gut im Bilde,
und sie drehen sich im Schwoof,
manche hab'n sich überfressen,
sitzen da wie Dick und Doof.

Eine Hochzeit, die ist lustig,
eine Hochzeit, die ist schön,
denn dann kann man die Verwandtschaft
allesamt mal einig seh'n.

Das folgende Lied ist geeignet für die Beendigung jeder Hochzeitsfeier.

Ein schöner Tag

Ein schöner Tag ward uns beschert,
wie es nicht viele gibt,
von reiner Freude ausgefüllt,
von Sorgen ungetrübt.

Mit Liedern, die die Lerche singt,
so fing der Morgen an,
die Sonne schenkte neuen Glanz
dem Tag, der dann begann.

Ein schöner Tag voll Harmonie
ist wie ein milder Schein,
der strahlt dich an und ruft dir zu:
Heut' sollst du glücklich sein.

Und was das Schicksal dir auch bringt,
was immer kommen mag:
Es bleibt dir die Erinnerung
an einen schönen Tag.

Selbst gedichtete Lieder

Lieder machen lustig.

Zur Erheiterung der Festgesellschaft tragen selbst gedichtete Lieder nach einer bekannten Melodie bei. Sie werden sehen: Es ist gar nicht schwer, ein bekanntes Lied umzudichten und darin das Brautpaar und die Festgäste anzusprechen. Am wirkungsvollsten ist es, wenn diese Lieder nicht einfach von dem jeweiligen Dichter oder von mehreren Dichtern »heruntergesungen« werden, sondern wenn man sich für jede Strophe eine besondere Darbietungsform ausdenkt. Die erste Strophe wird z. B. von mehreren gesungen, die zweite von einem Einzelnen, die dritte von einer zweiten Einzelstimme, und dazwischen erklingt jeweils der Refrain, den die gesamte Hochzeitsgesellschaft mitsingt. Auf S. 72-75 finden Sie einige Beispiele von solchen selbst gedichteten Liedern nach bekannten Melodien.

Sie können auch ein Lied dichten, das nur das Brautpaar singen muss, entweder abwechselnd oder zusammen. Das geht natürlich nur dann, wenn die Brautleute so etwas gern tun!

Einige populäre Lieder eignen sich besonders gut für eine Umdichtung, nämlich:

Eine Seefahrt, die ist lustig
Ein Vogel wollte Hochzeit machen
Lustig ist das Zigeunerleben
Das kann doch einen Seemann nicht erschüttern
Ja, so warn's, ja so warn's, ja so warn die alten Rittersleut
Da droben auf dem Berge, da steht ein Soldat

Melodie: »Lustig ist das Zigeunerleben«

Heute haben wir Hochzeitsfeier,
faria, faria, ho
morgen sind wir Pleitegeier,
faria, faria, ho
denn unsere ganze Verwandtschaft ist hier
und trinkt auf unsere Rechnung Wein, Schnaps und Bier,
faria, faria, faria, faria, faria, faria ho.

Oma Olga, die ist immer flott,
und tanzt heute noch einen Foxtrott.
Tante Ida, Onkel Hans, Cousine Edith, Vetter Franz
schwingen sich heute im fröhlichen Tanz.
(Refrain)

Jeder kriegt seinen Vers.

Die Junggesellen können nicht klagen,
sie können heute Frauen jagen.
So flirtet der Helmut mit unserer Ida,
nach dem Feste, da seh'n sie sich wieder.

Für uns beginnt der Spaß nach dem Feste,
denn dann geht's ins Liebesneste.
Wir haben uns alles schon ausgemalt:
Erst in fünfundzwanzig Jahren wird wieder ein Fest gezahlt!

Melodie: »Dort droben auf dem Berge, da steht ein Soldat«

Von nah und von ferne, da kommen die Gäste,
gelaufen und gefahren zu diesem schönen Feste,
Holladeri, Holladero, Holladeri, Holladero!

Unter den Gästen sind nicht nur Verwandte,
auch Arbeitskollegen, Freunde und Bekannte.

Sie verschenken an das Brautpaar einen Haufen Geld,
sie geizen dabei nicht, denn was kost' die Welt?

Der gefangene Bräutigam ist jetzt schon ganz voll,
hoffentlich hegt die Braut gegen ihn keinen Groll.

Alle erfreuen sich besonders an Onkel Fritz,
der weiß zu jeder Gelegenheit 'nen passenden Witz.

Die Oma Hilde ist besonders ausgelassen,
sie trank von dem Kaffee bestimmt schon drei Tassen.

Der Cousin Heini, der segelt auf 'nem Schiff,
trifft bei starkem Wind leider manches Riff.

Melodie: »Ein Vogel wollte Hochzeit machen«

Wer trifft sich heut aus Ost und West
zu diesem schönen Hochzeitsfest?

Die Gäste komm'n aus Nah und Fern,
sie feiern mit euch Hochzeit gern.

Der Höhepunkt in diesem Jahr
ist unser liebes Hochzeitspaar.

Die Braut ist unsere Claudia,
sie sagt zur Hochzeit gerne »Ja«.

Der Bräutigam ist groß und schlau,
er nimmt sich eine junge Frau.

Seit heute ist sie nun die Seine,
er nennt sie gerne »meine Kleine«.

Geküsst wird bei jeder Gelegenheit,
bei Tag und Nacht und wenn es schneit.

Wenn Matthias sitzt am stillen Ort,
liest er so gern die Zeitung dort.

Seid nun verbunden für alle Zeit
in Liebe und Beharrlichkeit.

Die Oma Herta ist noch fit,
sie redet über alles mit.

Der Hardy ist der Dr. Mix,
die Drinks, die macht er ziemlich fix.

Drehlieder

Drehlieder werden, wie der Name schon sagt, beim Singen gedreht. Nur so kann man den Text lesen. Außen beginnt das Lied, und je weiter man nach innen kommt, um so schneller muss gedreht werden. Besonders im angeheiterten Zustand kann es vorkommen, dass die Sänger einen Drehwurm bekommen.

Zwei Beispiel-Drehlieder finden Sie auf S. 75/76. Wer selbst ein Drehlied schreiben möchten, findet auf S. 77 eine Konstruktionsanleitung für eine solche Spirale.

Drehlied nach der Melodie »Eine Seefahrt, die ist lustig«

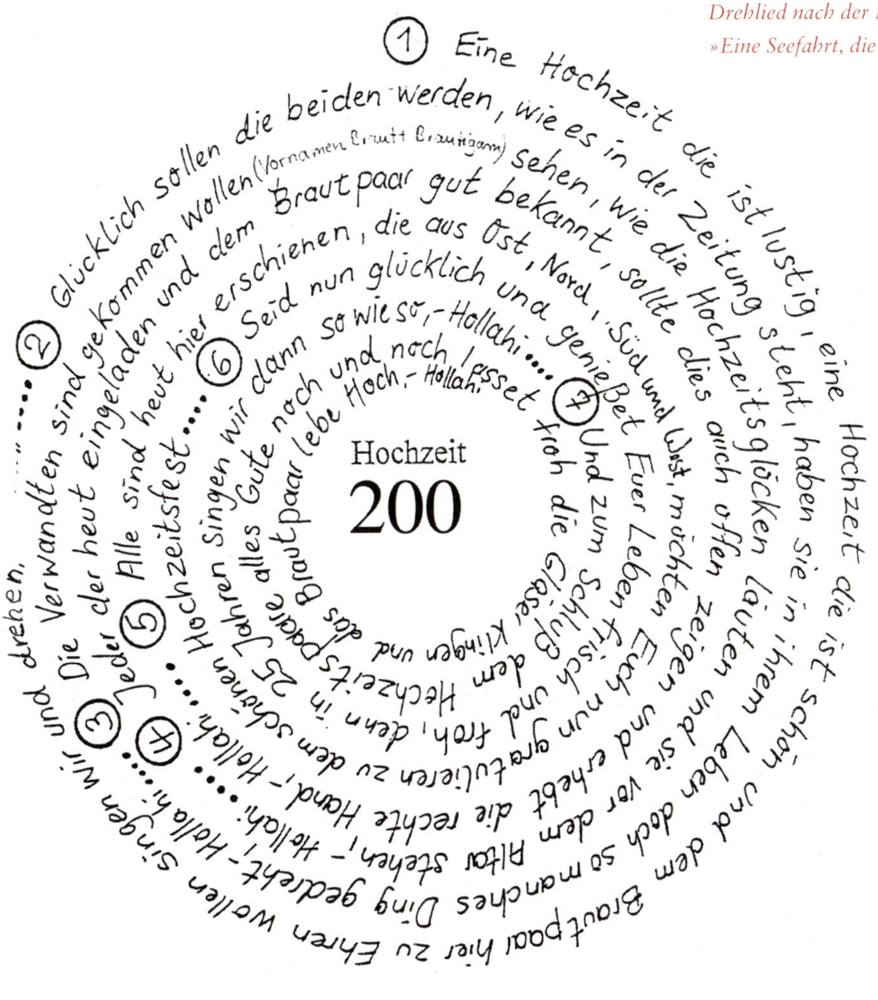

Drehlied nach der Melodie »Dornröschen war ein schönes Kind«

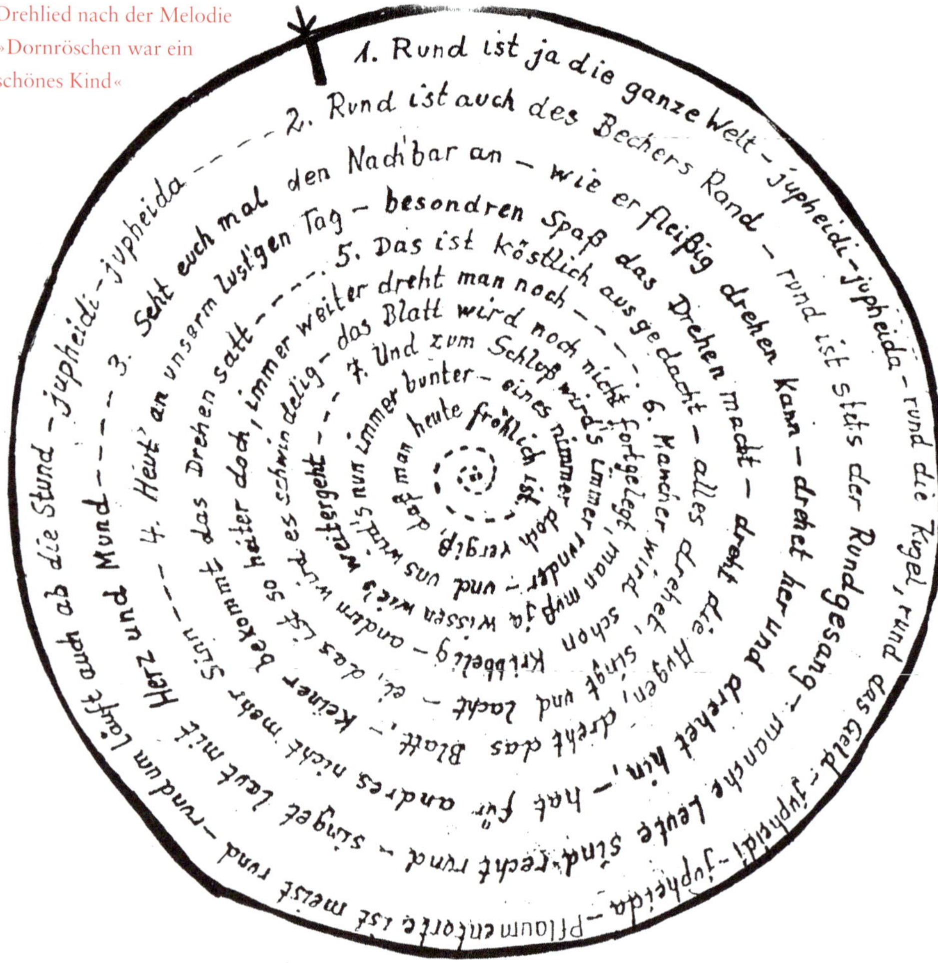

Konstruktion einer Spirale zum Drehlied

Es gibt zwei Möglichkeiten zur Darstellung einer Spirale: Eine einfache Konstruktion einer Spirale beruht auf der Darstellung von Viertelkreisen eines Quadrates im Zentrum eines Blattes (s. Skizze auf S. 77).

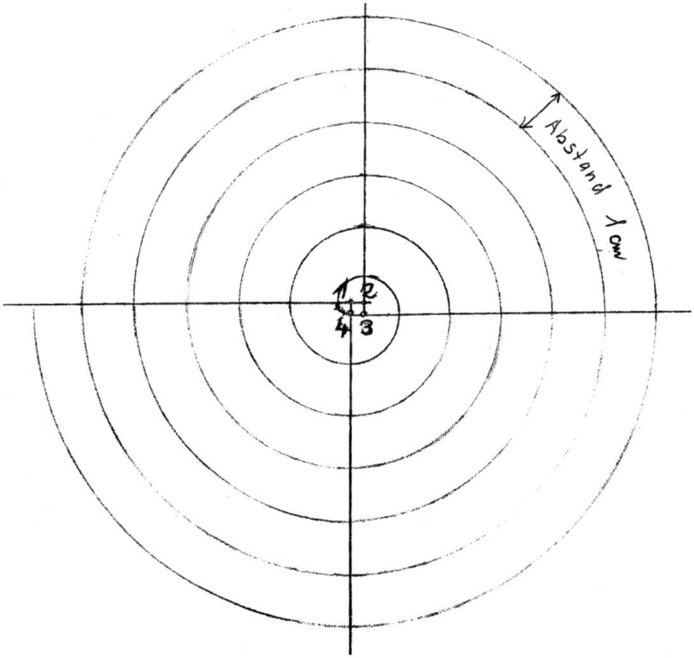

Die Ecken des Quadrates werden mit den Zahlen 1 bis 4 gekennzeichnet. Zuerst verlängert man die Quadratseiten von den Punkten 2 über 1, bzw. 3 über 2 usw. bis zur gewünschten Ausdehnung der Spirale.
Um einen Abstand der Spiralwindung, also eine Steighöhe von 1 cm, zu erhalten, muss man 1 cm durch 4 dividieren. Das Ergebnis sind 0,25 cm bzw. 2,5 mm. Diese Strecke ist die Quadratseitenlänge. Nun schlägt man mit dem Zirkel um den Punkt 1 mit dem Radius 4/1 den ersten Viertelkreis, danach 2/1 usw., bis die gewünschte Spiralenlänge oder Windungszahl erreicht ist.

Für alle, die keine Lust zum Rechnen haben: Eine exakte Spirale entsteht auch dann, wenn man um einen in der Mitte fixierten Rundstab einen Faden mit Zeichenstift auf- und abwickelt. Dabei muss man lediglich darauf achten, dass man den Stift senkrecht hält.

Die Hochzeitszeitung

Eine Hochzeitszeitung ist ein ganz individuelles Geschenk an das Braut- oder Jubelpaar. Sie kann zur schönsten Erinnerung an eine einmalige Feier werden. Besonders häufig sind Zeitungen für grüne Hochzeiten, aber auch für Silber- und Goldene Hochzeiten können Sie wunderbare Festzeitungen herstellen.

Die ideale Erinnerung.

Was soll in der Zeitung stehen? Am wichtigsten ist, dass das Brautpaar vorgestellt wird und die Festteilnehmer mit dem Tagesprogramm vertraut gemacht werden. Festreden, Vorträge und Gedichte können abgedruckt sein. Häufig werden alle Gäste scherzhaft »vorgestellt«, sodass man nach Jahren und Jahrzehnten beim Wiederlesen sagt: »Ach, damals war sie blond!« oder »Hättest du gewusst, dass Cousin Thomas Biologie studiert hat?« – mitunter auch: »Wieso haben wir den eigentlich eingeladen?«

Die Finanzierung der Hochzeitszeitung sollte nicht den Gastgebern, schon gar nicht den »Redakteuren« aufgehalst werden, die ihre Zeit und Arbeitskraft in dieses Unternehmen stecken. Mitunter wird die fertige Zeitung bei Beginn der Hochzeitsfeier an die Festteilnehmer verkauft. Ebenso häufig ist das folgende Verfahren: Einer der Redakteure geht mit einem Hut herum, und jeder Gast kann die Zeitung für den Betrag kaufen, den er für angemessen hält. Oft werden großzügige Beträge gezahlt, die dem Brautpaar zugute kommen.

Wie Sie Herstellung, Inhalt und Illustration Ihrer Zeitung bewältigen, erfahren Sie auf den folgenden Seiten.

Wie macht man eine Hochzeitszeitung?

Die Redaktion

Zuerst müssen sich Redakteure finden, die an der Zeitung mitarbeiten wollen. Das können Verwandte und Freunde sein, die das Brautpaar sehr gut kennen, oder auch Bekannte, die einen eher allgemeinen Beitrag zu der Zeitung leisten oder z. B. bei der Vervielfältigung helfen wollen. Der »harte Kern« der Redaktion sollte gemeinsam beraten, wer welche Aufgaben übernimmt. Setzen Sie sich möglichst frühzeitig zusammen! Wer schreibt Texte, wer besorgt Bilder, wer übernimmt das Layout an seinem PC, wer kümmert sich um die Kosten? Stellen Sie einen möglichst detaillierten Zeitplan auf, und berücksichtigen Sie darin auch »Pufferzeiten«, d. h. ein paar Tage Spielraum z. B. zwischen dem Termin, an dem die fertigen Texte vorliegen sollen, und dem Tag, an dem sie weiter bearbeitet werden. Denn erfahrungsgemäß kommt so gut wie nie ein Beitrag vor dem angesetzten Termin – aber viele, viele kommen später als angesetzt! Wenige Tage vor dem großen Fest bricht fast immer die große Hektik aus.

Es gibt viel zu tun.

Für die Schreibarbeiten eignet sich am besten ein Computer. Sicher ist unter den »Redakteuren« einer, der gut damit umgehen kann. Die Seitenzahl Ihrer Hochzeitszeitung lässt sich im Voraus schlecht bestimmen, denn sie ist abhängig von der Anzahl der eingehenden Beiträge. Sie können sich dabei aber an dem Format orientieren, das Ihre Zeitung haben soll. Wenn Sie z. B. DIN-A3-Blätter falten und heften wollen, konzipieren Sie Ihr Werk am besten von Anfang an so, dass seine Seitenzahl durch vier teilbar ist.

Die Auflage kann so festgelegt werden, dass für jedes teilnehmende Paar oder Pärchen und für jeden Einzelgast eine Zeitung hergestellt wird.

Die Form Ihrer Zeitung

Am besten eignet sich für die fertige Zeitung das Format DIN-A4, da die meisten Computerdrucker und Kopierer damit arbeiten. Aber es gibt auch eine Vielzahl von anderen Möglichkeiten, z. B. das Format einer Tageszeitung oder eine

Schriftrolle von beliebigen Ausmaßen. Natürlich müssen Sie dann nicht allein mit Mehrkosten, sondern auch mit höherem Zeitaufwand rechnen, weil nicht jeder Copy Shop Ihren Auftrag ausführen kann.

Das Papier Ihrer Hochzeitszeitung muss keineswegs weiß sein! Denken Sie bei diesem Anlass ruhig einmal über pastellfarbenes Papier nach. Auch Pergamentpapier sieht sehr edel aus. Das Papier sollte jedoch auf keinen Fall zu dunkel sein, denn sonst wird das Lesen der Schrift schwierig, und Fotos kommen nicht mehr gut heraus. Für das Deckblatt und die letzte Seite wählen Sie stärkeres Papier, damit Ihre Zeitung mehr Halt bekommt.

Schönheit gibt es nicht umsonst.

Nirgends steht geschrieben, dass alle Exemplare Ihrer Zeitung gleich ausgestattet werden müssen. Häufig bekommen die Hauptpersonen ein extraschönes Exemplar. So kann z. B. die Zeitung, die für das Brautpaar bestimmt ist, als Fotoalbum überreicht werden. Alle anderen bekommen aus Kostengründen eine Zeitung im DIN-A4 Format, in der die Fotos als Farbkopien eingeklebt werden – Vorsicht, zeitaufwändig! – oder schwarz-weiß erscheinen (s. S. 81/82).

Layout und Schrift

Je nach dem Format Ihrer Zeitung sollten Sie sich ein Grund-Layout überlegen. Wollen Sie die Textzeilen über die ganze Breite laufen lassen? Dann ist das Lesen bei großen Formaten manchmal mühsam. Oder planen Sie für jede Seite zwei Textspalten,vielleicht gar drei? Wie wollen Sie Text und Bilder kombinieren? Sollen die Bilder dem Text eingepasst werden, sodass der Text um die Bilder »herumfließt«? Oder planen Sie einen Extra-Bildteil in der Mitte oder am Ende Ihrer Zeitung? Soll es Seitenzahlen geben, und wo stellen Sie sie hin? Brauchen Sie ein Inhaltsverzeichnis?

Ihr Computer stellt Ihnen eine ganze Reihe von Textverarbeitungsprogrammen mit den unterschiedlichsten Schriftarten zur Verfügung. Die Redakteure sollten die Schriftgröße nicht zu klein wählen (mindestens Schriftgröße 12), um das Lesen nicht zu erschweren.

Die ganze Zeitung kann in einer oder mehreren Schriftarten

geschrieben werden. Bedenken Sie aber, dass Profis höchstens drei Schriften auf einer Seite verwenden – im Übermaß wirkt ein Schriftensalat reichlich unruhig. Gedichte und Liedtexte sehen oft in einer geschwungenen Schrift (z. B. kursiv) besonders gut aus.
Spielen Sie auch mit den Satzmöglichkeiten. Blocksatz ist das Übliche, dabei entstehen rechts und links vom Text gleichmäßig breite Ränder. Wie wäre es mit Flattersatz, bei dem nur links ein gleichmäßiger Rand steht? Manche Beiträge, z. B. ein Motto oder Aphorismen, bekommen optisch mehr Pfiff, wenn sie rechtsbündig gesetzt werden, d. h. rechts einen gleichmäßigen Rand haben und am linken Zeilenende »flattern«. Bei Gedichten sieht manchmal die Zentrierung besonders edel aus, bei der der Text um eine senkrechte Mittelachse läuft und rechts und links ungleich weit »ausschwingt«.

Illustration

Fotos

Fotos wirken, da wir an Zeitungsfotos in der Tageszeitung gewohnt sind, sehr professionell. Sowohl Fotomontagen als auch Kinderbilder oder das neueste Bild des Brautpaares spielen bei der Illustration der Zeitung eine große Rolle.
Natürlich können Sie die Originalfotos in jedes Exemplar der Hochzeitszeitung einkleben. Dies erhöht zwangsläufig die Kosten und den Zeitaufwand der Herstellung. Sie haben jedoch die Möglichkeit die Fotos auch auf einem Farbkopierer zu kopieren. Das wird aber mitunter so teuer, dass man gleich Abzüge machen lassen kann.
Häufig werden die Originalfotos nur in die Zeitung eingeklebt, die dem Brautpaar überreicht wird. Alle Festgäste bekommen Zeitungen mit schwarz-weiß kopierten Fotos. Das Bild ist auf jeden

Fall auch auf der Kopie zu erkennen. Wenn Sie den Helligkeitsregler geschickt einstellen, verbessern Sie die Qualität der Kopie. Scheuen Sie dabei keinen Zeitaufwand – sonst sehen Sie auf den Bildern nur noch Hell-dunkel-Kontraste und erkennen weder Ihre beste Freundin noch den Onkel Dagobert.

Falls einer der Redakteure einen Scanner besitzt oder Zugang zu einem solchen Gerät hat, können die Bilder in den Computer eingescannt werden.

Zeichnungen

Zeichnungen geben einer Hochzeitszeitung eine ganz persönliche Note. Die gestrichelten Kunstwerke müssen keinesfalls perfekt sein, denn wer ist schon ein van Gogh oder ein Picasso?

Bevor Sie zu zeichnen beginnen, denken Sie daran, dass Ihre Arbeiten kopiert werden sollen! Sie sollten daher immer einen schwarzen Filzstift benutzen. Dann sehen Ihre Arbeiten in der Kopie fast ebenso aus wie im Original. Einfache Strichzeichnungen kommen sehr gut zur Geltung. Je feiner Ihr Werk abschattiert ist, um so schwieriger ist meistens die Wiedergabe.

Genie gesucht!

Bunte Zeichnungen sehen sehr schön aus. Das Ausmalen – evtl. in jedem einzelnen Exemplar Ihrer Zeitung! – kostet aber viel Zeit. Eine Alternative sind auch hier Farbkopien, wenn sie Ihnen nicht zu teuer sind.

Kopiervorlagen

Auf den Seiten 86-103 stelle ich Ihnen Themen und fertige Artikel vor, die Sie für Ihre Hochzeitszeitung übernehmen oder als Anregung für eigene Kreationen verwenden können.

Wie bindet man eine Hochzeitszeitung?

Sie können die einzelnen Blätter Ihrer fertigen Zeitung aufeinander legen und an der linken Seite lochen sowie – um der Zeitung mehr Halt zu geben – zusätzlich heften. Bei einer Zeitung für eine grüne Hochzeit kann man durch die Löcher ein grünes Bändchen ziehen und zusammenbinden, bei einer

Silberhochzeit ein silbernes Bändchen und bei einer Goldenen ein goldenes Band.
Wenn Ihre Zeitung relativ schlank ist, können die gelochten Blätter mit einem Bürohefter geklammert werden.
Eine dritte Möglichkeit: Sie heften Ihre Zeitung in Schnellhefter ab und stecken die einzelnen Seiten in Sichthüllen. Das sieht zwar etwas nüchtern aus, hat aber einen großen Vorteil: Ihre Zeitung wird auch bei mehrmaligem Durchlesen nicht unansehnlich.
Eher aufwändig, aber sehr hübsch ist eine Spiralbindung. Man kann sie im Copy Shop anbringen lassen, sie kostet pro Exemplar etwa drei und vier Mark.
Auch die Klebebindung eignet sich für die Zeitung, vor allem für stärkere Exemplare. Viele Copy Shops bieten diese

Dienstleistung an, sie ist etwas teuerer als die Spiralbindung. Unerlässlich ist in diesem Fall ein Deckblatt aus festerem Papier.

Inhalt

Ein großer Teil der Beiträge hat selbstverständlich die beiden Hauptpersonen des Festes zum Gegenstand.

Viele Beiträge sollen die Festgesellschaft insgesamt ansprechen, z. B. Menüfolge, Gästeliste, das Tagesprogramm und alles, was vorgetragen oder vorgesungen wird: Begrüßung, Festordnung, Lieder (s. S. 68 ff.), Gedichte (s. S. 25 ff.), Reden (s. S. 28 ff.) und lustige Beiträge.

Unerlässlich sind z. B.:
Die Vorstellung des Brautpaares,
Geschichten und lustige Anekdoten aus der Kinderzeit,
Wie das Brautpaar sich kennen lernte,
Lustige Anekdoten oder liebenswerte Macken des Brautpaares.

Das Brautpaar und ein paar andere Dinge.

Eine dritte und sicher nicht die am wenigsten unterhaltsame Gruppe sind Artikel, die auch in einer »richtigen« Zeitung stehen könnten, aber in witziger Weise auf das Brautpaar gemünzt sind. (Könner können übrigens die ganze Hochzeitszeitung so aufbauen, aber Vorsicht: Es ist nicht ganz einfach!) Jede Tageszeitung bietet Ihnen hier Anregungen durch die Rubriken: Politik, Wirtschaft, Kultur, Wetter, Anzeigen, Horoskop, Was kochen wir heute? und Rätsel.
Falls Sie während der Hochzeitsfeier Beiträge aus der Zeitung vortragen möchten, sollten Sie chronologisch den Ablauf des Festes widerspiegeln. So wird z. B. ein Willkommenslied, das am Anfang des Festes erklingen wird, auch im einleitenden Teil der Zeitung stehen.

Das Deckblatt

Das Deckblatt der Hochzeitszeitung kann natürlich nach Herzenslust gestaltet werden. Es sollte jedoch erkennbar werden, dass es sich um eine Hochzeitszeitung handelt.
Besonders gut eignen sich große Buchstaben für das Deck-

blatt. Als Illustration dienen Fotos, Fotomontagen und Zeichnungen. Hier einige Beispiele für Hochzeitszeitungs-Deckblätter.

Beiträge zur Fest-Eröffnung

Wenn Sie die Festgäste mit einem Text willkommen heißen wollen, geschieht das häufig durch ein Gedicht. Außerdem sollten Sie eine Gästeliste und die Menüfolge in Ihre Zeitung aufnehmen. Auch eine lustige Festordnung ist ein netter Beitrag zur Festeröffnung.
Für diese Art von Beiträgen finden Sie nun Beispiele.

Bei diesem Gratulationsgedicht können die Personennamen individuell eingesetzt werden.

ES GRATULIEREN!

SPD und CDU,
ein Warzenschwein, ein Känguru,
die Müllabfuhr, ein Straßenkehrer,
hundert pensionierte Lehrer,
Helmut Kohl und seine Frau,
Harald Juhnke – mal nicht blau –,
Lena, Lothar und Karl May,
Siggi Will ist auch dabei,
und die Zunft der Schornsteinfeger,
mit Kriegsbemalung tausend Neger,
Tarzan, der Ehemann von Jane,
Kaiser Wilhelm und John Wayne,
Heiner, Heike, Trallala,
Arnold Schwarzenegger, der Superstar,
VW, Mercedes und BMW,
ein Erdöltanker auf hoher See,
Boris Becker und seine Babs,
ein Knallfrosch, eine Kiste Schnaps,
Beethoven, Bach und Johann Strauß,
die Hexe aus dem Knusperhaus,
es schließt sich an die gute Fee,
Holger und Nicole auf dem Kanapee,
ein Nashorn und ein Trampeltier,
und von den Beatles alle vier,
Reinhard, Jutta und James Dean,
Pater Rolf und seine Queen,
Tante Lene, Heidi und Wilhelm Tell,
FCI, Curd Jürgens und Maria Schell,
die Königin der Niederlande,

Mick Jagger mit seiner Bande,
der Turnverein, die Glücksspirale,
die ganze Meute hier im Saale,
auch dabei ist Graf Dracula,
im Sturzflug: Meister Adebar,
Heiden, Hindus und Mormonen,
Apachen, Sioux und Schoschonen,
Europa, Asien, Afrika,
Australien und Amerika.
Kurz gesagt: Die ganze Welt
hat sich zum Glückwunsch eingestellt
und wünschen euch zu diesem Feste:
VIEL GLÜCK UND NUR DAS ALLERBESTE !!!!!!

Die Festordnung

Zehn Gebote für jeden Gast

1. Finstere Mienen, muffige Gesichter, Skatkarten, Strickzeug sowie Preislisten und Geschäftsgespräche sind an der Garderobe abzugeben.
2. Der Eintritt zu den Festräumen ist selbst bei Andrang nur durch die Tür gestattet.
3. Jeder Gast hat vollständig gewaschen, gekämmt, gebügelt, hungrig, durstig und gut gelaunt zu erscheinen.
4. Jeder Gast hat einen Zettel mit seiner genauen Anschrift in seiner Tasche zu tragen, damit er auch volltrunken abgeschleppt werden kann.
5. Es ist verboten, sich mit der Gabel auf dem Kopf zu kratzen und mit dem Tischtuch die Nase zu schnäuzen. Für das Naseputzen haben wir die Gardinen.
6. Die dritten Zähne dürfen während des Essens nicht auf den Tellerrand des Nachbarn gelegt werden. Schließlich hat auch Ihr eigener Teller einen Rand!
7. Da am Kaffeetrinken gespart wurde, begnügen wir uns damit, sämtliche Personen durch den Kakao zu ziehen.
8. Streng verboten ist ferner, mit angeknabberten Knochen und Biergläsern nach den vortragenden Personen zu werfen.
9. Wer länger als eine halbe Stunde in der freien Natur bleibt, hat seine Erlebnisse laut zu berichten.
10. Taschenlampen brauchen nicht mitgebracht zu werden, da anständige Leute bei Tagesanbruch nach Hause gehen.

In einem Wort: Benehmt euch! Wie, ist egal.

Das Brautpaar wird vorgestellt

Hier haben Sie die freie Wahl zwischen vielen Möglichkeiten. Sehr beliebt sind »Berichte«, die mit einem ironischen Titel versehen und mit Fotos illustriert werden. Fast alle Hochzeitszeitungen enthalten auch Geschichten aus der Kinderzeit der Partner und kontrastierende lustige Kinderfotos. Wie das Paar sich kennen gelernt hat, kann in Form eines selbstgedichteten Liebesgedichtes beschrieben werden. Das Brautpaar muss häufig durch Steckbriefe »identifiziert« werden. Man sollte die Macken, Vorlieben, Hobbys und Erlebnisse sowie die Anekdoten, die von dem Brautpaar bekannt sind, liebe- und humorvoll beschreiben.
Als Beispiele nenne ich Ihnen nun die folgenden Steckbriefe und ein »Kennenlerngedicht«.

Steckbrief

gesucht wird:	Claudia Frost, geboren am 3.12.1974 in Schlema
Aussehen:	nordischer, blonder Typ mit blauen Augen
Größe:	groß genug, ca. 1700 mm
Statur:	Modelfigur
Heiratsalter:	zu jung, um schon in den Ketten der Ehe zu liegen
Einkommen:	genießt die Leistungen eines großen deutschen Elektrokonzerns
Verkehrsverhalten:	äußerst risikofreudige, rasante Fahrerin
Ihr Idealmann:	Mischung aus Albert Einstein und Arnold Schwarzenegger
Das törnt sie an:	knackige junge Männer
Das törnt sie ab:	Hausarbeit, Kochen
Das schmeichelt ihr:	wenn man ihr sagt, sie sei cool, aber nicht frostig
Darüber redet sie gerne:	Hochzeiten, Brautkleider, Trauringe, günstige Preise, mexikanisch essen gehen
Darüber redet sie nicht:	Geheimnisse
Darüber lacht sie noch:	Hausfrauenwitze
Darüber lacht sie nicht:	Blondinenwitze
Vorzüge:	mathematisch begabt
Macken:	Überfunktion der Tränendrüse
Hobbys:	Kuscheln, Knutschen, vorübergehend wars mal Laufen
Lieblingswort:	Matthias
Hier treffen Sie sie :	in Erlangen auf der Steinforststraße und auf dem Siemensgelände, jedes zweite Wochenende in Chemnitz, sonntags um die Essenszeit in Spardorf

Beim Ergreifen bitte auf dem Standesamt Klaffenbach abgeben (wird wahrscheinlich sehr gerne freiwillig mitkommen).

Steckbrief

gesucht wird:	Matthias »Mave« Weidlich, geboren am 5. 9.1969 in Erlangen
Aussehen:	dunkelblonder, blauäugiger Typ mit großen Füßen
Größe:	knapp zwei Meter
Statur:	kräftig
Heiratsalter:	gerade so erreicht
Einkommen:	gesichert
Verkehrsverhalten :	unterstützt die bayerischen Motorenwerke und die Volkswagen AG
Seine Idealfrau:	junges, blondes Partygirl mit sächsischem Akzent
Das törnt ihn an:	gutes Essen (Feinschmecker), faulenzen, Urlaub machen
Das törnt ihn ab:	abwaschen, Salat machen
Das schmeichelt ihm:	wenn man ihm sagt, dass er ein gut aussehender netter junger Mann ist
Darüber redet er gerne:	über fast alles
Darüber redet er nicht:	über die verflossenen Freundinnen
Darüber lacht er:	Blondinenwitze
Darüber lacht er nicht:	hohe Preise im Restaurant
Vorzüge:	gutmütig und unterhaltsam
Macken:	lädt sich gerne selber ein
Hobbys:	Computerspiele, Lesen (an ungewöhnlichen stillen Örtchen)
Lieblingswort :	Claudia, meine Kleine
Hier treffen Sie ihn:	in Erlangen auf der Steinforststraße, sonntags um die Essenszeit in Spardorf, jedes zweite Wochenende in Chemnitz

Beim Ergreifen im Standesamt Klaffenbach abgeben. Vorsicht: gut fest halten, es besteht Fluchtgefahr!

Eine Liebesgeschichte

Kerstin ging nach Bayreuth zum Studieren,
sie wollte eine kleine Uni ausprobieren.
Es gab nicht nur trockene Theorie:
Finanzen, Marketing und Steuern.
Daneben gab es in Bayreuth für sie
auch oft und viel feuchtfröhlich zu feiern.
Der Jürgen gab ein Grillfest im Garten,
die Kerstin konnte bevorzugt starten,
denn viele Mädels hatten's gewagt
und aus Zeitmangel einfach abgesagt.

So kann's gehen …

Für Kerstin stiegen damit die Chancen,
sie könnte vielleicht dann öfter tanzen!
Es reisten auch Freunde aus München an,
darunter ein schöner, dunkelhaariger Mann.
Er malt' seinen Namen, es war ein Hut,
Kerstin und Jörg verstanden sich gut,
sie hielten sich nicht auf mit langen Reden,
und begannen gleich, sich Küsschen zu geben.
Sie gingen ins Haus, um herumzuschmusen,
da testete der Jörg schon mal der Kerstin ihren …
Flugs kam der Jürgen ins Zimmer geflitzt
und hat das Ganze auch noch geblitzt.
Am Morgen wurden die Adressen getauscht,
und jeder ist wieder heimgerauscht.
Man traf sich in Erlangen, München, Bayreuth,
jedes Mal hatten beide sich sehr drauf gefreut.
Bald überlegte sich Kerstin gut:
»Wie spielt man am besten: Fang den Huth?«
Sie hat alles gründlich abgewogen
und ist drei Jahr' später nach München gezogen.
Man lernte sich nun besser kennen
und konnte sich gute Freunde nennen.
Er nannte sie liebevoll »mein Pferd«,
und sie stellte sich immer öfter an den Herd.
So hat er es schließlich doch gewagt
und hat sie endlich doch gefragt,

er fasste zusammen sein' ganzen Mut:
»Willst du werden die Frau Huth?«
Die Kerstin war nun an ihrem Ziel,
sie hatte gewonnen bei dem Spiel,
und die Moral von der Geschichte,
was lernt ihr Junggesellen aus dem Gedichte?
Geht auch ihr auf jede Feier,
vielleicht spart ihr bald ein bisschen Steuer!

Glückwünsche

Es gibt unzählige Arten, dem Brautpaar zu gratulieren.
Eine nette Idee: Sie schneiden aus Illustrierten diejenigen Sachen aus und kleben sie auf, die Sie dem Hochzeitspaar wünschen (oder nicht wünschen).
Eine weitere Möglichkeit: Sie wünschen dem Brautpaar in Form eines Briefes an die Redaktion Glück.
Natürlich können auch Prominente gratulieren.

Dass die beiden heiraten, weiß ich schon seit 20 Jahren.
Elisabeth Tessier, Wahrsagerin, München

Das wird ein schwieriges Match für ihn.
Boris Becker, Tennisprofi, Monaco

Die beste Nachricht des Jahres!
Sabine Christiansen, Moderatorin, Hamburg

Schachmatt durch die Dame.
Kasparow, Schachweltmeister, Moskau

Das erste Mal ist am schönsten.
Liz Taylor, Schauspielerin, Hollywood

Das ist der Gipfel!
Reinhold Messner, Bergsteiger, Tibet

Lustige Beiträge zu den Themen Liebe und Ehe

Manche von den folgenden Textbeiträgen können auch sehr gut vorgetragen werden und führen dann zu Lacherfolgen.

Der Kuss

Der höchsten Liebe Hochgenuss
ist ohne Zweifel wohl der Kuss.
Er ist beliebt, er macht Vergnügen,
ob du ihn kriegst, ob du ihn gibst,
er kostet nichts, ist unverbindlich,
nun ja, er ist ja meistens mündlich.

Wer denkt an sowas beim Küssen?

Und wenn der Peter die Eva küsst,
dann muss er stets mit Macht und List
den Abstand zu verhindern trachten,
um sie mit Blicken anzuschmachten.
Die Blicke werden tief und tiefer,
es nähern sich die Unterkiefer,
dann pflegen sie mit geschlossenen Augen
sich aneinander festzusaugen.

Doch nicht ihr roter Mund allein
braucht das Ziel seiner Küsse zu sein,
er küsst die Wangen, küsst die Hände
und auch andere Gegenstände,
die ringsherum mit Wohlbedacht,
an Evas Körper angebracht.

Auch wie er küsst, ist ganz verschieden,
ob Norden, Osten, Westen, Süden,
einmal saugt er oder schmatzt,
als ob ein alter Reifen platzt.
Doch manchmal ist er auch der Keusche,
vermeidet jegliche Geräusche,
mal küsst er kurz und manchmal länger
seinen längsten nennt man Dauerbrenner.

Kurzum, ein Kuss ist:
wenn zwei Lippenlappen
in Liebe aufeinander klappen
und dadurch ein Geräusch entsteht,
als wenn die Kuh durch Matsche geht.

Über den Kuss

Küsse sind das, was von der Sprache des Paradieses übrig geblieben ist.
Joseph Conrad

Der Kuss wurde über Jahrtausende unversehrt überliefert und besitzt heute noch seine Allgemeingültigkeit.
Der Historiker

Der Kuss ist die dramatische Darstellung zu zweit.
Der Deutschpauker

Der Kuss ist die Folgereaktion zweier unterschiedlicher Elemente.
Dmitrij I. Mendelejew

Der Kuss ist die Addition zweier natürlicher Zahlen.
Adam Riese

Küsse sind Lippenblüter.
Carl v. Linné

Der Kuss ist ein Kurzschluss von Gefühlen, die durch Aktionspotenziale ausgelöst werden.
Der Elektrotechniker

Der Kuss ist ein Magnet, welcher einen anderen Körper anzieht.
Isaac Newton

Der Kuss ist Training für die Mundwinkel.
A. Fichtel

Küsse sprechen alle Sprachen und sind über Ländergrenzen übertragbar.
Der Germanist

Die Pfütze

Vor der Hochzeit: Komm, süße Laura, ich trage dich über die Pfütze.
Nach der Hochzeit: Komm Liebling, ich helfe dir.
Nach einem Jahr: Schatz, pass auf, es kommt eine Pfütze!
Nach fünf Jahren: Schatz, tritt nicht in die Pfütze.
Nach 10 Jahren: Du siehst natürlich die Pfütze nicht!
Nach 15 Jahren: Mutter, du wirst gleich reintappen!
Nach 25 Jahren: Natürlich, Alte, du musst ja in jedes Dreckloch trampeln!

Der kleine Hochzeitskalender

Eheschließung	Grüne Hochzeit
1 Jahr	Baumwollenene Hochzeit
5 Jahre	Hölzerne oder Veilchenhochzeit
7 Jahre	Kupferne Hochzeit
8 Jahre	Blecherne Hochzeit
10 Jahre	Rosenhochzeit
12½ Jahre	Mittlere Hochzeit
15 Jahre	Gläserne oder Kristallhochzeit
20 Jahre	Porzellan- oder Chrysanthemenhochzeit
25 Jahre	Silberhochzeit
30 Jahre	Perlenhochzeit
35 Jahre	Leinwandhochzeit
40 Jahre	Rubinhochzeit
50 Jahre	Goldene Hochzeit
60 Jahre	Diamantene Hochzeit
65 Jahre	Eiserne Hochzeit
67½ Jahre	Steinerne Hochzeit
70 Jahre	Gnadenhochzeit
75 Jahre	Kronjuwelenhochzeit

Von dem Umgange unter Eheleuten

aus Adolph Freiherr von Knigge: Über den Umgang mit Menschen

Eine weise und gute Wahl bei Knüpfung des wichtigsten Bandes im menschlichen Leben, dies ist freilich das sicherste Mittel, um sich Freude und Glück in dem Umgange unter Eheleuten versprechen zu können.
Überlegt man aber, dass gewöhnlich auch diejenigen Ehen, welche auf eigener Wahl beruhen, in einem Alter und unter Umständen geschlossen werden, wo weniger reife Überlegung und Vernunft als blinde Leidenschaft und Naturtrieb diese Wahl bestimmen, obgleich man in dieser Verbindung wohl sehr viel von Sympathie und Herzenshange träumt und schwätzt, so sollte man sich beinahe wundern darüber, dass es noch so viele glückliche Ehen auf dieser Welt gibt. Aber die weise Vorsehung hat alles so herrlich geordnet, dass eben das, was diesem Glück im Wege zu stehen scheint, dasselbe vielmehr befördert. Ist man in den Jahren der Jugend weni-

ger geschickt zu weiser Wahl, so ist man dagegen auf der anderen Seite noch geschmeidiger, leichter zu leiten, zu bilden und nachgiebiger, als in dem reifen Alter. Die Ecken – möchten sie auch noch so scharf sein – schleifen sich leichter ab aneinander und fügen sich, wenn der Stoff noch weich ist. Man nimmt die Sachen nicht so genau als nachher, wenn die Erfahrung uns ekel, vorsichtig gemacht, und große Forderungen in uns erweckt hat; wenn die kältere Vernunft alles abwägt, jeden Diebstahl an Genuss sehr hoch anrechnet, kalkuliert, wie wenig Jahre man vielleicht noch zu leben hat und wie geizig man mit der Zeit und Vergnügen sein muss. Entstehen unter jungen Eheleuten gern Zwistigkeiten, so ist auch deren Versöhnung leichter gestiftet. Widerwillen und Zorn fassen nicht so feste Wurzel, und wenn der Körper mitspricht, wird oft der heftigste Streit durch eine einzige eheliche Umarmung wieder geschlichtet. Dazu kommen dann nach und nach Gewohnheit, Bedürfnis miteinander zu leben, gemeinschaftliches Interesse, häusliche Geschäfte, die uns nicht viel Zeit zu müßigen Grillen lassen, Freude an Kindern, geteilte Sorge über derselben Erziehung und Versorgung – welche alles, statt die Last des Ehestandes zu erschweren, in den Jahren, wo Jugend, Kräfte und Munterkeit mitwirken, dies Joch sehr süß machen und mannigfaltig abwechselnde Freuden gewähren, die durch Teilung mit einer Gattin doppelt schmackhaft werden.

Das geografische Alter der Frau

Von 16-25 Jahren ist sie wie Afrika – halb unberührt, halb entdeckt.

Von 25-35 Jahren ist sie wie Asien – brennend heiß und mysteriös.

Von 35-45 Jahren ist sie wie Amerika – stromlinienförmig und kooperativ.

Von 45-55 Jahren ist sie wie Europa – ausgepumpt, aber noch fähig.

Von 55 Jahren ist sie wie Australien – jeder weiß, wo es liegt, aber keiner fährt hin.

Gedankensplitter über Männer

Männer über 18 Jahre gleichen Heuschrecken, sie können zur Landplage werden.

Männer über 30 Jahre gleichen Löwen, sie fressen alles, was sie kriegen können.

Männer über 50 Jahre gleichen einem Streichholz, sie entflammen ab und zu, aber nicht an der eigenen Schachtel.

Männer über 60 Jahre sind wie Regenschirme vor der Haustür, sie werden einfach stehen gelassen.

Das aktuelle Lexikon: Was ist eigentlich …?

Die Ehe

$C_x\ F_y\ M_z$

Ehe ist (=) -1- Feminino - 1- Maskulino - 2.2- Diamoryl-Cyclomatrimonium

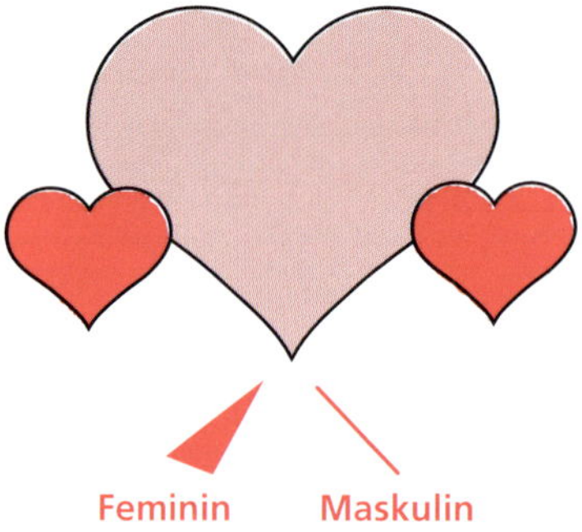

Synonyme
Ehestand, Ehebund, Eheband, Ehejoch, Heirat, Ehebündnis, Verbindung, Partie, Hochzeit, Verehelichung, Verheiratung, Vermählung, Trauung, Eheschließung, Ringwechsel

Beschreibung
Die Ehe ist der Sieg der Hoffnung über die Vernunft. Die Ehe kann auf zwei Arten hergestellt werden: standesamtlich oder kirchlich. Auch Mischformen kommen häufig vor.
Jede Ehe enthält anfangs als Wirkstoffe zwei Ehepartner, meist mit Vermehrungswunsch. Zusätzlich können enthalten sein: Füll-, Binde-, Spreng-, Gleit-, und Schmiermittel in Form von Kindern, Schwiegereltern, neugierigen Nachbarn und diversen Hausfreunden. Wenn die Ehe von sich aus nicht die notwendigen symbiotischen Eigenschaften hat (z. B. Liebe, Treue, Zusammenhalt), werden die Ehepartner einer geeigneten Behandlung unterworfen, z. B. zufällig scheinenden Treffen in romantischer Atmosphäre. Um den Prozess zu beschleunigen, kann auch der Einsatz von Aphrodisiaka nützlich sein.

Prüfung auf Identität

Vorprobe: Tragen die Probanden gleichartigen Schmuck am rechten Ringfinger, so ist eine Ehe zwischen ihnen wahrscheinlich.

A. Man gebe die zwei Ehepartner in einen geeigneten Reaktionsraum, z. B. eine Kirche oder ein Standesamt. Antworten sie in Anwesenheit von Zeugen auf die Fragen des Katalysators (Pfarrer/Standesbeamter) mit Ja, so kann man das Vorhandensein einer Ehe als bestätigt betrachten.

B. Um häufige Wiederholungen der aufwändigen und kostenintensiven Prüfung A zu vermeiden, kann auch ein schriftliches Prüfprotokoll (Heiratsurkunde) als ausreichender Beweis anerkannt werden, sofern sich die Probanden als die im Prüfprotokoll genannten Ehepartner ausweisen können.

Prüfung auf Reinheit*

Fremde Bestandteile: In einer Ehe dürfen außer den Eheleuten nur erwünschte Personen enthalten sein, z. B. Kinder. Liebhaber, Geliebte, böse Verwandte oder andere Unruhestifter sollten sich raushalten.

pH-Wert: Der Wert der persönlichen Hochschätzung (pH-Wert) wird in der Zahl der zärtlichen Minuten am Tag gemessen. Der pH-Wert sollte mindestens (auch bei älteren Ehen) bei fünf (5) liegen.

Verwandte Substanzen: Wilde Ehen, Liebschaften und andere unzüchtige Beziehungen sind mit dem Tag der Eheschließung beendet.

Trocknungsverlust (=Verlust der gegenseitigen Anziehungskraft): Höchstens 0,0001% auf 1000 Ehejahre, durch Führen einer Ehe mit beliebiger Kinderzahl bestimmt.

Lagerung: Nicht von der Außenwelt abgeschlossen, damit die Liebe ab und zu frischen Wind verspüren kann.

* Die Prüfung auf Unberührtheit als Teil der Prüfung auf Reinheit entfällt heutzutage. Es hat sich gezeigt, dass ein erfolgreicher Verlauf der Prüfung keine notwendige Voraussetzung für eine glückliche Ehe darstellt.

Deutsche Apotheker Zeitung
134. Jahrgang, Nr. 16

Sie streben Harmonie und traute Zweisamkeit an?
Dann sollte jeder von Ihnen stets:
das rechte Wort zum falschen Zeitpunkt parat haben;
List und Ausdauer beim Aufspüren der Fehler des anderen beweisen;
immer die Kraft für das eigene letzte Wort aufbringen;
mit einfühlsamer Nachsicht über die eigenen Fehler hinwegsehen;
grenzenloses Vertrauen in die Richtigkeit der eigenen Meinung setzen;
mit stoischer Gelassenheit die Wünsche des anderen überhören;
mit wachsender Hingabe entgegenstehende Anschauungen und Interessen des anderen ignorieren;
bestrebt sein, mit einfallsreichen und täglich wiederkehrenden verbalen Spitzen die Zuneigung des Partners zu eliminieren;
keine Gelegenheit für einen intensiven, emotionsgeladenen Gedankenaustausch versäumen, wobei der Erinnerungswert durch die liebevolle Anreicherung mit kleinen Zynismen merklich gesteigert wird.

Die Pfortpflanzung (**Überlegungen eines kleinen Jungen**)
Weil es immer wieder forkommt, das die Menschen einfach sterben, mus es neue geben. Das ist der Beischlaf. Eigendlich schläft man aber nicht, sondern ist mit dem Herzen und anderen Dingen ganz toll am machen.
Ich habe meine Eltern im Wohnzimmer gesehen, wo sie gebeischlaft haben. Mein Vater hat mich gehauen und meine Mutter hat geheult; dabei ist von uns doch keiner tot.
Vielleicht haben sie aber geübt, weil meine Oma ziemlich alt ist. Ich habe aber gemerkt, das sie drei mal in der Woche üben. Im Nachtisch von meiner Mutter habe ich Tabletten gefunden, die nimmt sie jeden Tag. Mein Vater fragt meine Mutter immer ob sie heute schon die Pille genommen hat. Sie ist sicher kranck, geht aber nicht zum Artzt.
Wenn sie nun so mächtig am Üben sind, kommt bestimmt ein neues Wesen auf die Welt. Ich wünsche mir am liebsten ein Kaninchen.
Die Pfortpflanzung des Menschen geschieht durch Samen. Die Blumen und Sträucher und Bäume müssen oft gegossen werden, und meine Mutter duscht jeden Tag. Dann wächst sicher alles schneller.

»Echte« Zeitungsartikel
Sie können für Ihre Hochzeitszeitung auch Artikel schreiben, die wie »echte« Zeitungsartikel aufgebaut sind. Einige Formen haben wir schon auf S. 84 genannt: Polizei- und Wetterbericht, Annoncen und Kleinanzeigen oder Artikel aus Politik, Wirtschaft und Kultur, die in irgendeiner Weise auf das Brautpaar umfunktioniert werden. So kann z. B. die Festordnung (s. S. 87) die Überschrift »Polizeiverordnung« bekommen und für den Hochzeitstag (Datum) ausgestellt werden.

Im Folgenden gebe ich Ihnen einige Beispiele für diese Art von Artikeln.

Aus dem Polizeibericht
Ein gesetzliches Attentat (und seine Folgen)
Kürzlich spielte sich im Zustellungsbereich dieser Zeitung ein grässliches Liebesdrama ab.
Ein eleganter Jüngling namens Walter lernte ein hübsches Mädchen namens Verena kennen, stach ihr in die Augen, verdrehte ihr den Kopf und stahl ihr das Herz. Die so Zugerichtete konnte sich nur mühsam aus den Händen des Täters losreißen und entfliehen. Der Unhold gab sein Opfer nicht auf, verfolgte es weiter und stürzte sich von neuem auf das sonderbarerweise wehrlose Mädchen. Er stach ihr nochmals in die entzückenden Augen und verdrehte ihr den Kopf nach der anderen Seite. Das gestohlene Herz hatte er noch bei sich. Der Täter, welcher offenbar in Liebeswahn handelte, wurde festgenommen und heute vom Verschworenengericht verurteilt, lebenslänglich in den Ketten der Ehe zu schmachten. Er wird nun Zeit haben, über die Folgen seines Leichtsinns nachzudenken.
Dies geschieht ihm ganz Recht!

Annoncenteil oder A-nonsens-Teil

HILFE!
Kräftiger Träger gesucht, der meine Braut über die Schwelle unseres neuen Heimes trägt.
Tel.: 08/15

Suche für die Zeit nach meiner Trauung gute Industrieohrenschützer und starke Beruhigungsmittel, um für den Alltag mit meinem Gatten J. H. gewappnet zu sein.
Angebote an Chiffre »Ohrensausen«

Suche Fachbuch zum Thema: »Wie führe ich eine gute Ehe?«
Chiffre: NeunxKlug

Tausche gut erhaltenen 3er BMW (9 Jahre ohne Kupplung geschaltet!) gegen Kleinbus mit 7 Sitzen und Automatic.
Chiffre: Familienplanung

DRINGEND
Suche dringend männlichen Doppelgänger, der für mich am (Datum) NEIN sagt. EILT!
Chiffre

Diskretion zugesichert: Alte Liebesbriefe entsorgt anonym und streng vertraulich Fa. Lügnicht.
Tel: 666666

Wettervorhersage

Am (Datum des Hochzeitstages) werden wir eine Zeit des Hochs mit dem Namen Amor haben. Eine Wolke mit dem Brautpaar, das sich im siebten Himmel befindet, schwebt heran. Nach der kirchlichen (oder: standesamtlichen) Trauung schneit es ein bisschen Reis (oder: Konfetti) und Blumen und es hagelt Glückwünsche.

Wenig später fegt ein Sturm das kalt-warme Buffet nieder. Aufgrund heißer Rhythmen und hohen Alkoholkonsums steigt die Luft-feucht-fröhlich-keit auf 99 Prozent, und einige sind be-nebelt.

Die Nacht wird auf jeden Fall sehr heiß.

Am nächsten Morgen zieht die Wolke aufgrund eines leichten Südwindes nach Süden. Die nächsten Wochen werden sehr schön.

Neuerscheinungen auf dem Buchmarkt

Mein Recht auf einen Wohnungsschlüssel
Untertitel: Wie ein Ehemann sich durchsetzte

Das Kamasutra (Kurzfassung)
Beglückende Ehegymnastik in einem Band, bearbeitet von Turnvater Jahn

Ab heute geht's nach mir!
Ein Handbuch für junge Ehefrauen. Autorin: Ludmilla Xanthippe

Für ganz starke Nerven:
Wie ich lernte, den Horror zu lieben
Ein Vater lebt mit Drillingen

Das verflixte 7. Jahr
Eine Abenteuergeschichte über Strategien des ehelichen Luftkampfes.
Autor: Der rote Baron

Liebe geht durch den Magen
Ein handliches Kochbuch mit alten Kannibalen-Rezepten

Börsenbericht der Niedersächsischen Börse zu Müllingen
Persönliche Aktien zum Wochenschluss uneinheitlich. Leidenschaft hoch im Kurs. Essen und Trinken tendieren zu üppiger Aufnahme. Beziehungen schlossen fester. Humor freundlich. Reisen uneinheitlich. Körperliche Verfassung leichter. Gesundheit gut behauptet.

Der Börsenspiegel:

	Anna	Markus	Prognose
Leidenschaft	10	10	↗ steigend
Essen	5	7	→ gleich bleibend
Trinken	9	8	→ gleich bleibend
Körperl. Verfassung	9.5	6	↗ steigend
Gesundheit	8	8	↗ steigend
Geld	2	100	↗ steigend
Beziehung	10	10	↗ steigend
Beruf	6	8	↗ steigend
Humor	7	7	↗ steigend
Reisen	?+1	?	↗ steigend

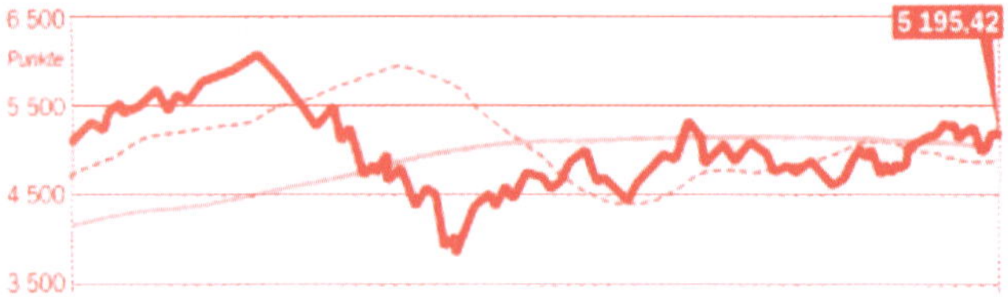

Witze und Zitate
Witze und Zitate eignen sich für jede Hochzeitszeitung. Die folgende Auswahl von Witzen zu verschiedenen Ehethemen und Zitate zu den Themen Liebe, Heirat, Ehe und Glück enthält sicher auch den Kurztext, der gerade für Ihren Zweck optimal geeignet ist und gerade Ihr Hochzeitspaar zu meinen scheint.
Sie können in Ihrer Hochzeitszeitung eine oder zwei Seiten mit Witzen und Zitaten füllen und diese kurzen Texte dann im Laufe der Feier vorlesen. Gern verwendet man sie auch in der Zeitung als »Garnierung« am Rand einer Seite, die sonst vielleicht ein optisches »Loch« aufgewiesen hätte.

Witze zum Thema »grüne Hochzeit«

»Sag einmal, Vroni, warum bist du mit Sepp nach so vielen Jahren immer noch nicht verheiratet?« fragt die Freundin.
Vroni: »Würdest du jemanden heiraten, der nebenher noch zwei Verhältnisse hat?«
Freundin: » Natürlich nicht!«
Vroni: »Siehst du, der Sepp auch nicht!«

»Wirst du auch wirklich mit mir glücklich werden, mein Schatz?« fragt der Bräutigam seine Angebetete.
»Aber sicher, du weißt doch, dass ich sehr anspruchslos erzogen bin.«

Braut und Bräutigam sitzen im Wagen, der sie aus der Kirche ins eigene Heim bringt. Stöhnt die Frau: »War das ein Trubel! Das nächste Mal mache ich es bestimmt nur im kleinen Kreis.«

Das frisch vermählte Paar kommt ins Hotel. »Bitte geben Sie uns das schönste Doppelzimmer für drei Nächte«, sagt der Mann. Der Portier zwinkert der jungen Dame zu. »Da haben Sie aber großes Glück, mein Fräulein. Sonst nimmt er das Zimmer immer nur für ein paar Stunden.«

»In unserer Ehe ist noch kein böses Wort gefallen!«
»Du Glücklicher!«
»Ja, nicht wahr? Hoffentlich wird die zweite Woche auch so harmonisch!«

Witze zum Thema »Ehe«

Es bat der Ehemann: »Liebling, mach bitte beim Abwaschen die Küchentür zu. Ich kann einfach nicht mit ansehen, wie du dich abrackerst.«

Der Haussegen hängt schief. »Achtmal hätte ich heiraten können, ehe du kamst!« schreit die Gattin. »Und alle acht Männer waren klüger und gescheiter als du!«
Der Ehemann nickt: »Sie haben es bewiesen!«

Schlecht gelaunt kommt der Ehemann nach Hause, wirft sich in den Sessel und greift zur Zeitung. »Du solltest dir mal an unserem Nachbarn ein Beispiel nehmen,« hält ihm seine Frau vor. »Wenn der nach Hause kommt, umarmt er seine Frau und küsst sie zärtlich. Warum tust du das nicht auch?«
»Du hast vielleicht Nerven!« brummt er. »Ich kenne die Frau doch gar nicht!«

Der Ehekrach nähert sich seinem Höhepunkt. »Überhaupt war unsere Bekanntschaft von Anfang an ein Irrtum!«, zetert sie.
»Wem sagst du das?«, seufzt er. »Eigentlich hatte ich damals, als wir uns kennen lernten, nur nach dem Taxi gepfiffen.«

Ehefrau: »Wenn du weiterhin jeden Abend zum Skatspielen gehst, suche ich mir einen Hausfreund!«
Ehemann: »Von mir aus, aber nimm bitte keinen aus meiner Skatrunde!«

Es klopft an der Tür eines Hauses in Boston. Der Hausherr öffnet das Schlafzimmerfenster und fragt: »Wer ist da?«
»Der Würger von Boston!«
Da dreht sich der Mann um und ruft: »Liebling, Besuch für dich!«

Der Ehemann beim Autohändler: »Ich hätte gerne einen schicken Sportwagen für meine Frau.«
»Tut mir Leid, mein Herr, aber Tauschgeschäfte machen wir generell nicht.«

»Vor der Hochzeit hat er mir versprochen, dass er mir die Sterne vom Himmel holt, und jetzt will er nicht mal sein Bier aus dem Keller holen«, klagt die Ehefrau ihrer Freundin.
»Meiner hat Wort gehalten,« erwidert diese. »Er hat mir gesagt, ich werde wie im Paradies leben, und jetzt habe ich wirklich nichts anzuziehen.«

Ein Farmer klagt dem anderen. »Ich stehe vor dem Bankrott. Eine lange Dürre hat mich ruiniert!«
»So? Bei mir war es eine kleine Vollschlanke!«

Die Ehefrau löst Kreuzworträtsel. »Lebensende mit drei Buchstaben?« Murmelt der Gatte: »Ehe.«

Zitate zum Thema Liebe

Die Liebe trägt die Seele, wie die Füße den Leib tragen.
Katharina von Siena

Liebe, aber wahrhaft! Und es fallen dir alle anderen Tugenden von selbst zu.
Anselm Feuerbach

Nichts ist zu schwer für den, der liebt. *Cicero*

Liebe ist eine Glocke, welche das Entlegenste und Gleichgültigste wieder tönen lässt und in eine besondere Musik verwandelt. *Gottfried Keller*

Die Liebe hat zwei Töchter: die Güte und die Geduld. *Sprichwort*

Liebe ist nur eine chemische Reaktion; aber es macht Spaß, nach der Formel zu suchen. *anonym*

Lieben heißt nicht begehren, sondern zärtlich zueinander zu sein.
Honoré Graf Mirabeau

Liebe ist das einzige, was wächst, wenn wir es verschwenden. *Ricarda Huch*

Nur wer einen Menschen liebt, wird ihn verstehen,
Wer ihn verachtet, ihn nicht einmal sehen. *Christian Morgenstern*

Einen Menschen lieben heißt, ihn so sehen, wie ihn Gott gemacht hat.
Fedor M. Dostojewski

Jemanden lieben heißt glücklich sein, ihn zu sehen. *Henry Duvermois*

Einen Menschen lieben heißt einwilligen, mit ihm alt zu werden. *Albert Camus*

Das Schreckliche aber ist glückliche Liebe. Wer glücklich liebt, muss täglich fürchten. *Calderón*

Wenn eine Frau die Wahl zwischen Liebe und Reichtum hat, versucht sie selbstverständlich, beides zu bekommen. *Marcel Achard*

Frauen sind da, um geliebt, nicht um verstanden zu werden.
Oscar Wilde

Es ist viel leichter, für eine geliebte Frau zu sterben
als mit ihr zu leben. *Lord Byron*

Zitate zum Thema Heirat

Heiraten ist kein Wettrennen. Du kannst immer zeitig genug hinkommen. *Aus Russland*

Heirat ist Geiselnahme unter Mitwirkung des Staates.
Helen Bells

Wer in Ruhe leben will, darf nicht die Schönste der Stadt heiraten.
Aus Portugal

Zum Heiraten gehört mehr Mut, als in den Krieg zu ziehen. *anonym*

Mancher Mann, der in ein Grübchen verliebt ist, begeht den Fehler, das ganze Mädchen zu heiraten. *Ceacock*

Darum prüfe, wer sich ewig bindet,
ob sich das Herz zum Herzen findet!
Der Wahn ist kurz, die Reu' ist lang.
Friedrich von Schiller

Heirat ist gegenseitige Freiheitsberaubung in beiderseitigem Einverständnis.
Oscar Wilde

Eine Frau, die einen Ehemann sucht, ist das gewissenloseste aller Raubtiere.
George Bernard Shaw

Die Männer heiraten, weil sie müde sind, die Frauen, weil sie neugierig sind. Beide werden enttäuscht. *Oscar Wilde*

Zitate zum Thema Ehe

Die Ehe ist der Anfang und der Gipfel aller Kultur.
Johann Wolfgang von Goethe

Die Ehe ist ein Versuch, zu zweit mit Problemen fertig zu werden, die man allein nicht gehabt hätte. *Cantor*

Die Ehe ist genauso viel wert wie die, welche sie schließen.
Friedrich Nietzsche

Eine Ehe muss man führen, nicht ertragen. *Georg Ihmann*

Die Ehe ist nur dann harmonisch, wenn sie aus zwei besseren Hälften besteht. *anonym*

In der Ehe muss man manchmal streiten, nur so erfährt man etwas voneinander. *Johann Wolfgang von Goethe*

Ehen und Weine haben vieles gemeinsam: Die wahre Güte zeigt sich erst nach Jahren. *William Somerset Maugham*

Die Ehe ist ein bewaffnetes Hindernis gegen die Außenwelt.
Gilbert Keith Chesterton

Die Ehe ist ein kurzes Wort, doch mancher buchstabiert daran sein Leben fort. *anonym*

Ob der Buchstabe H in dem Wort Ehe für Himmel oder Hölle steht, muss jeder selbst herausfinden. *anonym*

Das Geheimnis einer guten Ehe ist, jeden Unglücksfall als Zwischenfall und keinen Zwischenfall als Unglücksfall zu behandeln. *anonym*

Es gibt viele Kleinigkeiten in der Ehe, die unwichtig sind, wenn man sie beachtet, und wichtig werden, wenn man sie ignoriert. *anonym*

Der Grundton in der Harmonie der Häuslichkeit muss immer das Kindergeschrei sein – oder aber es fehlt die wichtigste Stimme.
Johann Nestroy

Die Ehe bleibt deshalb so beliebt, weil sie das Maximum an Versuchung mit dem Maximum an Gelegenheit verbindet. *George Bernard Shaw*

In unserem monogamischen Weltteile heißt heiraten seine Rechte halbieren und seine Pflichten verdoppeln. *Arthur Schopenhauer*

Für eine gute Ehe gibt es einen sehr einfachen Maßstab. Man ist dann glücklich verheiratet, wenn man lieber heimkommt als fortfährt.
Luise Ullrich

Zitate zum Thema Glück

Glück ist nie genau das, was man sich darunter vorgestellt hat.
William Somerset Maugham

Glück ist, sich von dem Menschen, den man liebt, verstanden zu fühlen.
Zenta Maurina

Mancher träumt so lange vom Glück, bis er es verschlafen hat. *anonym*

Glücklich zu sein ist auch eine Tugend. *Ludwig Börne*

Allgemeine Zitate

Es ist leichter, gemeinsam in Notzeiten zu leben, als bei gutem Leben zusammenzuhalten. *chinesisch*

Es ist immer noch leichter, sich mit Männern herumzuschlagen, als mit der eigenen Frau Krieg zu führen. *Honoré de Balzac*

Männer, die sagen, sie seien der Herr im Haus, lügen auch bei anderen Gelegenheiten. *anonym*

Zu guter Partnerschaft gehört nicht das allein, nicht weh zu tun; auch dem, der weh tut, zu verzeihen. *Friedrich Rückert*

Verdamme nicht mit schnellem Laut
den Partner, wenn er einmal fehlt.
Hast du denn in sein Herz geschaut?
Hast seine Tränen du gezählt? *Franz Grillparzer*

Niemand lebt ohne Mängel.
Wir sind Menschen, keine Engel. *anonym*

Kein kluger Mann widerspricht seiner Frau. Er wartet, bis sie es selber tut. *Humphrey Bogart*

Wer nicht den Verstand seines Alters hat, der hat das ganze Unglück seines Alters. *Voltaire*

Die Frau ist das Kamel, das uns hilft, die Wüste des Lebens zu durchqueren. *Ben Gurion*

Vertrauen ist das Gefühl, einem Menschen sogar dann glauben zu können, wenn man weiß, dass man an seiner Stelle lügen würde.
Henry Louis Mencken

Das Wort »Verzeihung« ist die beste Münze im Hause. *anonym*

Jede gute Frau ist schöner, als sie ist. *anonym*

Eine der mächtigsten Waffen im Lebeskampf ist die Heiterkeit. *anonym*

Zu gut sein ist ein Fehler, den die wenigsten Menschen begehen. *anonym*

Sketsche

Sketsche eignen sich besonders gut, um eine Hochzeitsgesellschaft zu unterhalten. Sie können Ihren Sketsch individuell auf das Braut- oder Jubelpaar zuschneiden und seine Stärken und Schwächen liebevoll aufs Korn nehmen. Ein Beispiel dafür ist der auf der nächsten Seite folgende Putzfrauensketsch, der für eine grüne Hochzeit geschrieben worden ist.

Thema sind die Brautleute

Für Hochzeitsjubiläen ist ein Erinnerungssketsch (s. S. 111) besonders geeignet. Aber natürlich kann man diese Sketsche auch auf andere Brautpaare zuschneiden.

Sketsche wirken eigentlich nur dann, wenn sie frei vorgetragen werden. Das Auswendiglernen und möglichst gute Proben der Aufführung ist daher unerlässlich. Natürlich ist der Zeitaufwand, vor allem bei längeren Vorführungen, besonders hoch. Wenn Sie sich aus Zeitnot dazu entschließen, den Sketsch bei der Aufführung vom Textblatt abzulesen, müssen Sie unbedingt darauf achten, dass nicht zu schnell gesprochen wird und die Sätze nicht »heruntergeleiert« werden.

Der Putzfrauensketsch

Die Grundidee ist einfach: Zwei Putzfrauen treten auf und tratschen über das Brautpaar, das in dem Haus wohnt, in dem sie putzen.

Die Putzfrauen wirken besonders »echt«, wenn sie alte Kittelschürzen, Kopftücher, Eimer und Besen tragen und möglichst auch noch den Dialekt der Region sprechen.

Frau Schnattermann: Grüß Gott, Frau Säuberle!

Frau Säuberle: Grüß Gott, Frau Schnattermann! Haben Sie schon das Neueste gehört? Da heiratet doch jemand aus unserem Haus.

Frau Schnattermann: Wer ist denn das?

Frau Säuberle: Das ist doch das blonde Mädchen, das im Parterre wohnt.

Frau Schnattermann: Wie heißt sie denn?

Frau Säuberle: Ich weiß nicht so genau. Sie hat so einen kalten Namen.

Frau Schnattermann: Heißt sie Eismann, Bofrost, Winterschall oder Eiszwerg?

Frau Säuberle: Nein, jetzt fällt es mir ein! Sie heißt Claudia Frost.

Frau Schnattermann: Ist sie nicht ein bisschen jung zum Heiraten? Wie alt ist sie denn?

Frau Säuberle: Alt, sie ist noch gar nicht alt. Sie ist so um die zwanzig!

Frau Schnattermann: Kann das Mädchen denn überhaupt schon kochen?

Frau Säuberle: Es riecht immer so international.

Frau Schnattermann: Was kocht sie denn immer so?

Frau Säuberle: Mexikanisch: Chili con carne. Italienisch: Tortellini al forno von Aldi. Russisch: Soljanka. Französisch: Knoblauchbrot. Sächsisch: Kartoffelpampf. Griechisch: Gyros.

Frau Schnattermann: Ist das wohl vom Ross?

Frau Säuberle: Na, Sie haben ja gar keine Ahnung von internationaler Küche! Sie sind wohl keine Feinschmeckerin!

Frau Schnattermann: Was macht denn die Braut beruflich?

Frau Säuberle: Sie ist Ingenieur Assistentin!

Frau Schnattermann: So, so, da muss sie wohl Kaffee kochen für die höheren Herrn?

Frau Säuberle: Aber nein, das glaube ich nicht. Sie arbeitet am Computer und muss oft ihre kleinen grauen Zellen anstrengen.

Frau Schnattermann: Ach so ist das! Was hat sie denn für ein Männla aufgegabelt?

Frau Säuberle: Das ist kein Männla, sondern ein gestandenes Mannsbild von fast zwei Metern, mit durchtrainiertem Körper.

Frau Schnattermann: Was macht er denn für Sport?

Frau Säuberle: Nachtsport, oh, ich habe mich versprochen, ich meine doch Frühsport. Dann fährt er noch Ski und Auto.

Frau Schnattermann: Wo stammt denn der Bräutigam eigentlich her?

Frau Säuberle: Er kommt aus der ältesten Stadt der Welt.

Frau Schnattermann: Kommt er wohl aus Jericho?

Frau Säuberle: Nein, er ist von Erlangen. Denn es steht ja schon in der Bibel: »Sie suchten das Himmelreich zu erlangen!«

Frau Schnattermann: Liegt die Stadt in der Wüste?

Frau Säuberle: Sie haben wohl in der Schule im Geografie-Unterricht gefehlt?

Frau Schnattermann: Wieso, da gibt es bestimmt ganz wenig Wasser, die Autos sind immer so staubig! Welchen Job hat denn der junge Mann?

Frau Säuberle: Er ist bei der Transfracht.

Frau Schnattermann: Organisiert er wohl Faschingsumzüge?

Frau Säuberle: Aber nein, das hat doch nichts mit Fastnacht zu tun. Das ist ein Unternehmen der Deutschen Bundesbahn. Die schicken ihre Transporte in die ganze Welt!

Frau Schnattermann: Was haben denn die beiden für Hobbys?

Frau Säuberle: Gut essen, verreisen, Autofahren, wenig laufen und vor allem küssen.

Frau Schnattermann: Ja, wenn sie so viele gemeinsame Interessen haben, dann passen sie ja gut zusammen.

Frau Säuberle: So, jetzt haben wir genug über das junge Paar getratscht. Eigentlich kann ich ja die Frauen nicht leiden, die so über andere Leute reden!

Frau Schnattermann: Ich denke, wir müssen jetzt wieder etwas tun, denn von alleene wird das Haus nicht reene!! Und mein Mann sagt immer: »Nur die Dummen leben von der Arbeit, und die Klugen von den Dummen.«

Frau Säuberle: Mein Mann sagt immer: »Lieber einen finsteren Platz in der Kneipe als einen hellen Arbeitsplatz bei Siemens.«

Beide Frauen: Nun wünschen wir dem jungen Paare
noch viele ungetrübte Jahre,
Immer währende Liebe und gegenseitiges Vertrauen.
DAS WÜNSCHEN EUCH EURE ZWEI PUTZFRAUEN!

Der Erinnerungssketsch

Der Erinnerungssketsch eignet sich besonders für Feiern der Silber- oder der Goldenen Hochzeit. Zwei Mitspieler, die mit den Hauptfiguren eng vertraut sind, spielen das Brautpaar. Mitunter hilft auch die Ähnlichkeit, wenn z. B. der erwachsene Sohn des Silberhochzeit-Paares das Ebenbild des Vaters ist. Im Sketsch erinnern sich die Figuren an das Kennenlernen und an besondere Ereignisse, sie erzählen Anekdoten oder nehmen die Schwächen des Partners liebevoll aufs Korn. Die Verkleidung der Darsteller ist dabei besonders wichtig. Ein Brillenträger wird mit einer überdimensionalen Brille ausgestattet, oder die Darsteller tragen übergroße Symbole, die auf ein Hobby hinweisen.

Der folgende Erinnerungssketsch wurde zu einer Silberhochzeit aufgeführt. Er spielt in den Siebzigerjahren in der ehemaligen DDR. Unerlässlich ist für die Aufführung dieses Sketsches ein »Toningenieur«, der genau aufs Stichwort arbeitet und einen fulminanten Platzregen glaubhaft machen kann. Das kann durch ein Tonband geschehen, dessen Lautstärke bis zum Anschlag aufgedreht werden muss, oder durch einen Trommelwirbel. Wichtig ist, dass es wirklich laut ist! Die Zuhörer müssen einen Schreck bekommen, sonst verpufft der Effekt.

Das Jubelpaar beim Abendspaziergang im Frühling

Sie: Ach, diese erwachende Natur. Schau mal, wie sich die kleinen Gänseblümchen auf der Wiese lümmeln!

Er: Du, Gertrud, weil du gerade von Lümmel sprichst. Ich habe heute Klaus-Dieters Klassenlehrer getroffen. Der Bengel kriegt in Betragen wieder die Vier, weil er einem Klassenkameraden wieder Engerlinge in die Brotbüchse getan hat.

Sie: (*ist nicht zum Ärgern aufgelegt*) Klaus-Dieter ist eben noch ein richtiger kleiner Junge. Schau doch mal das zarte Gelb der Forsythien an, und wie die Kastanienknospen brechen.

Er: (*bleibt mit einem Ruck stehen*) Gertrud, das Wichtigste habe ich dir noch gar nicht erzählt. Stell dir mal vor, sie haben den Krause entlassen. Heute Morgen kam er wieder zu spät zur Arbeit, und dann musste er, mitten in der Versammlung, wie du schon sagst, brechen.

Sie: (*verzieht das Gesicht*) Danke. So habe ich das gar nicht gemeint. Schau mal, da hinten am Feld – vor fünfundzwanzig Jahren, weißt du noch ...?

Er: (*verständnislos*) Ja, vor fünfundzwanzig Jahren, ... vor fünfundzwanzig Jahren haben wir Kohldampf geschoben.

Sie: Weißt du nicht mehr?

Er: Wir haben da hinten am Feld Rüben geklaut.

Sie: Weißt du nicht mehr, da am Feld bei dem Holunderbaum, da haben wir vor fünfundzwanzig Jahren ... das erste Mal ...

Er: (*erinnert sich dunkel*) Was sich Frauen so alles merken können! Ich habe die Baumschule angerufen, damit wir heute rechtzeitig die Stachelbeersträucher kriegen.

Sie: Wollen wir nicht mal wieder den alten Weg zum alten Holunderbaum gehen?

Er: (*ergeben*) Bitte, es ist zwar ein Umweg, und ich wollte um 19.00 Uhr die Sportnachrichten hören. Aber wenn es unbedingt sein muss ...

Sie: (*vor dem erinnerungsträchtigen Baum, mit vor Rührung feuchten Augen, dabei verschmitzt*) Du! Weißt du noch, ich hatte damals das kurze graue Kostüm an, und hinterher, da, da waren Grasflecken drin.

Er: Du, mein heller Anzug muss dringendst in die Reinigung. Ich habe dir das schon ein paar Mal gesagt, dass da Flecke darauf sind, aber du, du denkst ja an gar nichts.

Sie: Du trugst damals übrigens kurze Lederhosen. Du sahst sehr gut aus. Du hast, nebenbei bemerkt, sehr schöne Beine. Alle Mädchen im Dorf haben sich nach dir umgedreht.

Er: (*geschmeichelt*) So ...? Du bist ja auch eine hübsche Dirn gewesen.

Sie: Gewesen?

Er: (*krallt seinen Arm um ihre Hüfte*) Aber Mutti, du bist immer noch die beste!

Sie: Damals war genauso ein Frühlingsabend wie heute. Das Abendrot stand am Himmel, und wir saßen unter dem Holunder. Wollen wir jetzt auch mal ein bisschen ...?

Er: Denk an die Grasflecken. Ich kann nicht nur für die Reinigung arbeiten.

Sie: Wir können eine Zeitung unterlegen. (*Er bereitet umständlich die Zeitungsblätter aus, wobei er rasch die Sportseite überfliegt. Endlich sitzen sie.*)

Sie: (*legt ihren Kopf an seine Schulter*) Liebster, also jetzt ist es doch beinahe so wie damals ... (*Der Regen prasselt laut und plötzlich vom Tonband.*)

Er: (*springt auf*) Bist du verrückt? Bei dem Regen? (*beide fluchtartig ab, die Zeitungsblätter über die Köpfe haltend*)

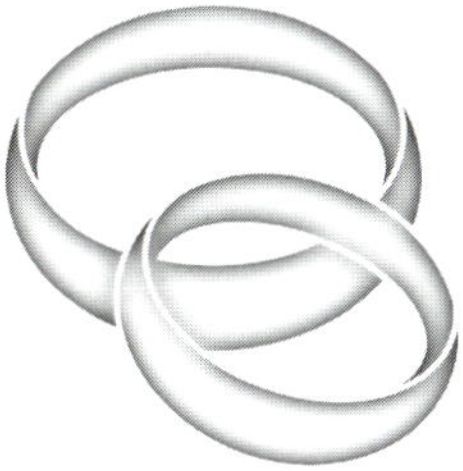

Der »Heiratskundidut«

Dieser Sketsch ist geeignet für eine grüne Hochzeit.

Drei Personen treten auf: ein älterer Herr, seine Tochter Agathe und ein junger Mann, der Heiratskandidat Herr Bröseke.

Vater und Tochter sind auf der Bühne. Agathe hat eine Tasche dabei, die sie auf einen Stuhl neben sich legt. Sie soll etwas verschroben ausstaffiert sein, z. B. durch einen alten Hut und oder einen Kittel.

Vater: Agathe, es kommt gleich ein Herr, der dich besuchen möchte.

Agathe: Besuch?

Vater: Herr Brösecke ist ein ganz entzückender Mensch. Ich hoffe, dass du sehr freundlich zu ihm bist. Er hat nämlich Heiratsabsichten.

Agathe: Ich will aber nicht heiraten. Ich will meine Ruhe.

Vater: Du sollst ja deine Ruhe haben. Du sollst glücklich werden. Herr Brösecke ist ein sehr netter Mensch. Er ist bloß – also weißt du, ... er ...

Agathe: Ach, mit dem stimmt was nicht!

Vater: Das ist es ja. Mit dem stimmt eben nichts.

Agathe: Das ist ja noch schlimmer.

Vater: Also, nun hör mal gut zu, er hat bloß, na ja ich möchte mal sagen, er kann nämlich nicht a sagen.

Agathe: Ja, wenn er nicht a sagen kann, was sagt er denn dann statt a?

Vater: Na ja, dann sagt er halt immer u für a.

Agathe: Du machst mir aber Freude. Und so etwas soll ich heiraten? Nee.

Vater: Du sollst sehen, er ist wirklich sehr nett.
(*Herr Brösecke klopft.*)

Vater: Ja, hallo, kommen Sie herein.

Brösecke: (*tritt ein, formell mit einem Anzug bekleidet*) Guten Tug!

Vater: Guten Tag, Herr Brösecke. Darf ich vorstellen, Herr Brösecke, meine Tochter Agathe. Treten Sie näher!
(*Herr Brösecke gibt Agathe die Hand.*)

Brösecke: Guten Tug! Sehr ungenehm!

Vater: Ich gehe jetzt in die Küche. Unterhaltet euch. (*geht hinaus*)

Agathe: Tja ...

Brösecke: Tju ...

Agathe: Bitte setzen Sie sich doch, Herr Brösecke.

Brösecke: Uuf diesen Plutz? Dunke, dunke. Uh!

Agathe: Was ist denn?

Brösecke: Ein Nugel! Haben Sie Hummer und Zunge?

Agathe: Was, Sie haben Hunger?
(*Brösecke klopft mit einem imaginären Hammer.*)

Brösecke: Klopf, klopf, Hummer und Zunge.

Agathe: Ach, Hammer und Zange!
Brösecke: Ju, ju!
Agathe: Das kriegen Sie gleich. Wo ist meine Tasche?
Brösecke: Du!
Agathe: Du, das geht aber sehr schnell!
Brösecke: Ich meine, du, du liegt ihre Tusche.
Agathe: Herr Brösecke, was haben Sie denn eigentlich für einen Beruf?
Brösecke: Ich hundle mit Puppen.
Agathe: Ach, einen Puppenladen haben Sie, wie süß.
Brösecke: Nein, Puppe, dicke Puppe.
Agathe: (*entsetzt*) Ich? Ich bin doch gar nicht so dick!
Brösecke: Nein, Sie sind schlunk, schlunk wie eine Nudel!
Agathe: Das ist ja auch nicht gerade ein Kompliment.
Brösecke: Nein, ich meine wie eine Nähnudel.
Agathe: Ach so, das ist besser.
Brösecke: Tju, ulso, ich hundle mit Duchpuppe.
Agathe: Ach, mit Dachpappe.
Brösecke: Ju, ju.
Agathe: Aber einen schicken Anzug haben Sie, Herr Brösecke.
Brösecke: Tju, ich bin immer hübsch ungezogen. Das ist mein Churukter, dus ist meine Nutur. Dieser Unzug ist ein Mußunzug.
Agathe: Das sieht man.
Brösecke: Jucke wie Hose.
Agathe: Und das ist alles von Duchpappe, äh ... ich meine von Dachpappe.
Brösecke: Alles von dem Luden, dem Puppenluden.
Ach so, ja richtig.
Agathe: Herr Brösecke, warum sind Sie eigentlich so nervös?

Brösecke: Die Uufregung, die Spunnung, meine Dume.
Agathe: Aber Herr Brösecke, Sie sind doch ein Weltmann.
Brösecke: Dus stimmt. Ich bin viel in der Welt herumgekommen, gewundert und gefuhren. Ich kenne die Suhuru, den Punumukunul und die Niuguru Fälle.
Agathe: Ah ja.
Brösecke: Und die südumerikunischen Stuuten, mit ihren Ununuspluntugen. Und vergungenes Juhr fuhr ich in die Ulpen. Ich bestieg dus Mutterhorn und hube von dem Gipfel geguckt.
Agathe: Erzählen Sie doch mal etwas von ihrer Verwandtschaft!
Brösecke: Pupu ist schon lunge tot. Mumu lebt uuch nicht mehr.
Agathe: (*lacht*) Ha, ha.
Brösecke: Bitte, bitte luchen Sie doch nicht. Dunn habe ich nur noch eine Tunte, und dies ist nur eine Pute.
Agathe: Herr Brösecke, Herr Brösecke, so spricht man doch nicht von seiner Verwandtschaft!
Brösecke: Nein, diese Tunte ist meine Putentunte.
Agathe: (*lacht*) Ach, Patentante.
Brösecke: Ju, ju, uber reden wir doch nicht über Luppulien.
Agathe: Nein.
Brösecke: Über die Huuptsuche, ich möchte Sie heiraten. Sie Uguthe, Sie sind mir so symputhisch. Bitte geben Sie mir ein Pfund.
Agathe: Von was denn ein Pfund.
Brösecke: Ein Pfund von ihrer Liebe.
Agathe: Aber hören Sie mal, ich gebe meine Liebe doch nicht pfundweise ab.
Brösecke: Bitte, bitte nur eine Huurlocke.
Agathe: Ihh ...
Brösecke: ... oder einen Schmutz. Uguthe, Uguthe, ich würde ulles für sie tun. Nichts wäre mir eine Lust.
Agathe: So! Jetzt langt's mir aber. Sie sind ja ein Wüstling, (*ruft*) Papa, Papa ...!
Vater: (*kommt ärgerlich*) Pupu und Papa, was ist denn los?
Agathe: Also ...
Brösecke: Ich bitte um ihre Hund.
Vater: Was? Meinen Hund, meine Dogge wollen Sie haben?
Brösecke: Ich bitte um die Hund ihrer Tochter!

Vater: Das geht aber schnell. Aber Herr Brösecke, wir haben doch noch gar nicht über die Mitgift gesprochen.

Brösecke: Puppegal, ich fuckle nicht lunge, ich bin ein Tutenmensch.

Vater: Aber ich bin nicht sehr vermögend, Herr Brösecke.

Brösecke: Mucht nichts, Schwiegerpupu, ich habe auch nichts.Wenn ich an ihre Tochter denke, bin ich mit jedem Betrug zufrieden.

(*Ullgemeine Umurmung – pardon, allgemeine Umarmung.*)

Die alte Mathilde

Dieser Eine-Frau-Vortrag ist bei jeder Feier einer grünen Hochzeit ein Bombenerfolg. Es gibt viele Versionen, die mündlich und schriftlich überliefert sind. Diese hier habe ich von meiner Urgroßmutter.

Die alte Mathilde wird von einem Freund des Brautpaars als »alte Freundin des Bräutigams« angekündigt. Das sichert ihr natürlich die Aufmerksamkeit!

Jeder will wissen, wer da kommt.

Die Darstellerin kann in jedem Alter sein. Sie kostümiert sich mit einem möglichst altmodischen Hut und einer Handtasche, in der sie ihre Utensilien verstauen kann. Da Mathilde etwas verschroben aussehen soll, kann sie einen alten Mantel oder eine Schürze anziehen. In ihrer Tasche trägt sie ungefähr zehn Briefumschläge mit rotem oder rosa Band verschnürt und einen großen Zahn. Wirkungsvoll ist ein Schweinezahn, der beim Bauern geholt werden kann, oder ein großes Zahnmodell aus einem Zahntechnikerlabor. Ferner hat sie ein paar Hanffasern bei sich, die im Text erwähnte Locke des Bräutigams – falls der dunkelhaarig ist, färbt man die Fasern schwarz. Ein (Gardinen-)Ring und ein altes, dürres Blumensträußchen gehören weiterhin zu den Requisiten der alten Mathilde.

Um Verzeihung, wenn ich störe,
ist vielleicht Herr Weber hier?
Ach, ich glaube fest auf Ehre,
tut er kaum, als kennt er mir.
Hans, kennst du deine Mathilde,
Deine alte Liebe nicht?

Jahre sind ja viel verflossen,
seit du mich dereinst geküsst.
Ich bin ja schon alt geworden,
aber du bist jung und frisch.
Es sind noch die schönen Augen,
die mich oft lieb angeschaut.
Er hat mich ja längst vergessen
und hat hier ’ne junge Braut.
Hier seht ihr noch die Beweise, (*zieht das Briefbündel hervor*)
diese Briefe, die er schrieb,
und in jedem stand wohl zehnmal,
Mathildchen, ach, ich hab’ dich lieb.
Dieser Zahn aus seinem Munde, (*zeigt den riesigen Zahn*)
weiß wie Elfenbein und Schnee!
Den verlor er einst beim Küssen –
doch er sprach: »Es tat nicht weh!«
Diese rabenschwarze Locke, (*zeigt das Bündel Fasern*)
die sein schönes Haupt geschmückt,
habe ich so oft gestreichelt
und an meine Brust gedrückt.
Dieser Ring von seinem Finger, (*zeigt den Ring*)
den er mir aus Liebe gab!
Niemals gäbe ich ihn her,
wenn er nicht aus Messing wär.
Dieses kleine Blumensträußchen (*zeigt das welke Büschel*)
welkte mit der Zeit dahin,
ich hab’s bei mir aufgehoben,
denn mein Hans geht mir nicht aus dem Sinn.

Du hast nun ein liebes Frauchen,
bist recht glücklich heut’ und froh.
Haltet immer treu zusammen,
da bleibt die Liebe immer so.
Aber zum Schluss –
Gib deinem Mathildchen noch einen Abschiedskuss.
(*Sie küsst den Bräutigam, ob der will oder nicht, und geht ab.*)

Die Verurteilung

Auch dieser Sketsch eignet sich vor allem für eine grüne Hochzeit.
Personen: ein Gerichtsdiener, ein Polizist und das Brautpaar. Der Gerichtsdiener kann eine Mütze, z. B. eine Baskenmütze oder eine Polizistenmütze aus dem Spielwarengeschäft, aufsetzen, um recht amtlich und dienstlich auszusehen. Er benötigt auf jeden Fall eine Glocke und Handschellen, die ebenfalls im Spielwarengeschäft zu erwerben sind.
Außerdem benötigt man zwei Stühle, auf die sich das Brautpaar setzen muss.

Der Gerichtsdiener (*läutet mit der Glocke*): Der Gemeinde ist Folgendes bekannt zu geben. Gegen (*Name des Bräutigams*) ist ein Haftbefehl wegen Gefährdung der öffentlichen Ordnung und der Sicherheit erlassen worden. Folgendes liegt gegen den soeben genannten vor:
Erstens: Er hat einer jungen Dame in die Augen gestochen und ihr den Kopf verdreht und ist aufgrund des § 245 des Strafgesetzbuches wegen Körperverletzung angezeigt worden.
Zweitens: Er hat außerdem dieser jungen Dame das Herz gestohlen und es bis heute nicht wieder zurückgebracht. Somit wird ihm nach § 184 des Strafgesetzbuches fortgesetzter Diebstahl zur Last gelegt.
Drittens: Er hat weiterhin ihr Herz in Flammen gesetzt, wonach ihm aufgrund des § 235 des Strafgesetzbuches Brandstiftung zur Last gelegt wird.
Viertens: Er hat ihre Ruhe fortgesetzt gestört und ist aufgrund des § 77 der Ruhestörung angeklagt.
Fünftens: Ferner hat er ihren Frieden gestört, wonach ihm Landfriedensbruch des Landes (*Name des Bundeslandes, wo Hochzeit stattfindet*) nach den §§ 260-263 zur Last gelegt wird.
Sechstens: Zudem hat er laufend durch sein nächtliches Auftauchen den Hausfrieden der Angehörigen der benannten Dame gestört, sodass ihm Hausfriedensbruch zur Last gelegt wird.

Siebentens: Weiter hat er die Dame durch seinen charmanten Liebreiz bestochen, wodurch er nach § 186 der Bestechung für schuldig gesprochen wird.
Außerdem liegen noch andere Anschuldigungen wegen weiterer Delikte gegen den Gesuchten vor. Er wird von der Staatsanwaltschaft als ein besonders schwieriger Fall bezeichnet, da er aus der so genannten schönen Literatur Beispiele anführen wird, die sein verwerfliches Tun rechtfertigen sollen. Der Staatsanwalt hat eine Belohnung von 10.000 DM für denjenigen ausgesetzt, der Hinweise geben kann, die zur baldigen Verhaftung des Gesuchten führen werden.

Das Amtsgericht, der Staatsanwalt.

(Der Gerichtsdiener läutet mit der Glocke)

Der Polizist: *(kommt auf die Bühne, zum Bräutigam)*: Da du bist verhaftet jetzt,
steh schon auf, komm her, mein Sohn.
Dir blühen einige Jahre schon.
Aber nein, nach so viel Taten
sollst du größere Strafe haben.
Dass du aufhörst solches Tun,
deshalb kette ich dich nun
lebenslänglich, hör genau,
fest an diese junge Frau,
was das heißt, wirst du erfahren
noch in langen Kerkerjahren!

(Der Polizist schließt das Paar mit den Handschellen zusammen. Natürlich wird das Brautpaar nach dem Ende des Sketsches wieder davon befreit!)

Der Hochzeitstag

Dieser Sketsch ist geeignet für jede Hochzeitsfeier, besonders für Ehejubiläen.
Personen: ein Ehepaar.
Die Frau sitzt mit gesenktem Kopf an einem Tisch, und der Mann kommt herein. Er hat eine Aktentasche in der Hand.

Frau: Guten Tag. Du kommst spät, wo ist mein Geschenk?

Mann: Was für ein Geschenk?

Frau: Heute ist doch unser Hochzeitstag!

Mann: Was? Ich dachte, der war vor neun oder zehn Jahren?

Frau: Du Trottel, der Hochzeitstag wird doch jedes Jahr gefeiert. Aber du hast ja sogar unseren ersten schon vergessen!

Mann: Wo ist dann eigentlich mein Hochzeitstagsgeschenk? Du bist doch sonst auch so emanzipiert!

Frau: Was? Geschenkt kriegen willst du auch noch etwas, wo ich mich den ganzen Tag für dich abrackere?

Mann: Hör mal, jeder Mensch ist ein Geschenk Gottes, und ich bin doch fast jeden Tag bei dir. Ich bin doch nur vier Tage in der Woche mit meinen Kumpels weg, also bekommst du jeden Tag etwas geschenkt.

Frau: Ich will mich jetzt nicht herumstreiten. Wir könnten doch essen gehen, ich habe großen Hunger.

Mann: Gute Idee, ich habe auch Hunger, geh du schon mal in die Küche und ruf mich dann, wenn das Essen fertig ist.
(*Der Mann verschwindet, die Frau seufzt und schüttelt den Kopf. Dann schlurft sie zur anderen Seite davon.*)

Geschenkideen

Wohl jedes Hochzeitspaar freut sich über ein Erinnerungsgeschenk, das Stationen aus seinem Leben dokumentiert, anhand von Fotos, Zeichnungen, Anekdoten, abgerissenen Eintrittskarten ...
Auch »lustige Geldgeschenke« kommen bei dem Brautpaar meistens gut an. Natürlich kann man Geld einfach in einen Umschlag stecken. Sie erzielen jedoch eine viel bessere Wirkung, wenn Sie Ihren Beitrag in Form eines Kaktusses oder an einen Regenschirm gebunden verschenken. Wie man das macht, erkläre ich Ihnen auf S. 124. Ebenso wirksam ist es auch, Spirituosen in »Frauen« zu verwandeln oder eine Schnitzeljagd zu veranstalten und dabei das Geschenk suchen zu lassen. Lassen Sie Ihre Fantasie spielen!

Jedes Geschenk bekommt mehr Charme.

Das Erinnerungsgeschenk

Dieses individuelle Geschenk kann das Braut- oder Jubelpaar nirgendwo kaufen. Es hat vielleicht keinen großen materiellen Wert, aber ist trotzdem nicht hoch genug einzuschätzen. Nur wer die beiden wirklich lieb hat und ihnen sehr nah steht, wird sich diese Mühe machen.
Worum geht's? Sie stellen die Ereignisse und wichtigen Daten der bisherigen Freundschaft (bei einer grünen Hochzeit) oder Ehejahre (Silber- oder Goldene Hochzeit) zusammen. Dazu brauchen Sie möglichst viele Dokumente, z. B. Taufschein, Heiratsurkunde, Schulzeugnisse und Fotos.
Für die Gestaltung gibt es keine Regeln, auch nicht für den

Umfang. Sie können ein Fotoalbum oder ein Heft bekleben. Falls das Hochzeitspaar viel Platz an den Wänden seiner Wohnung hat, kann auch ein beklebtes und beschriftetes Bild in einem Bilderrahmen ihre gemeinsame Zeit dokumentieren.

Der Text zu den Bildern kann in Gedichtform oder in Prosa geschrieben werden. Vielleicht streuen Sie Zitate ein? Oder Sie verzichten ganz auf Text und lassen allein die Bilder und Dokumente sprechen?

Ich bringe Ihnen hier ein Beispiel für ein gelungenes Erinnerungsgeschenk.

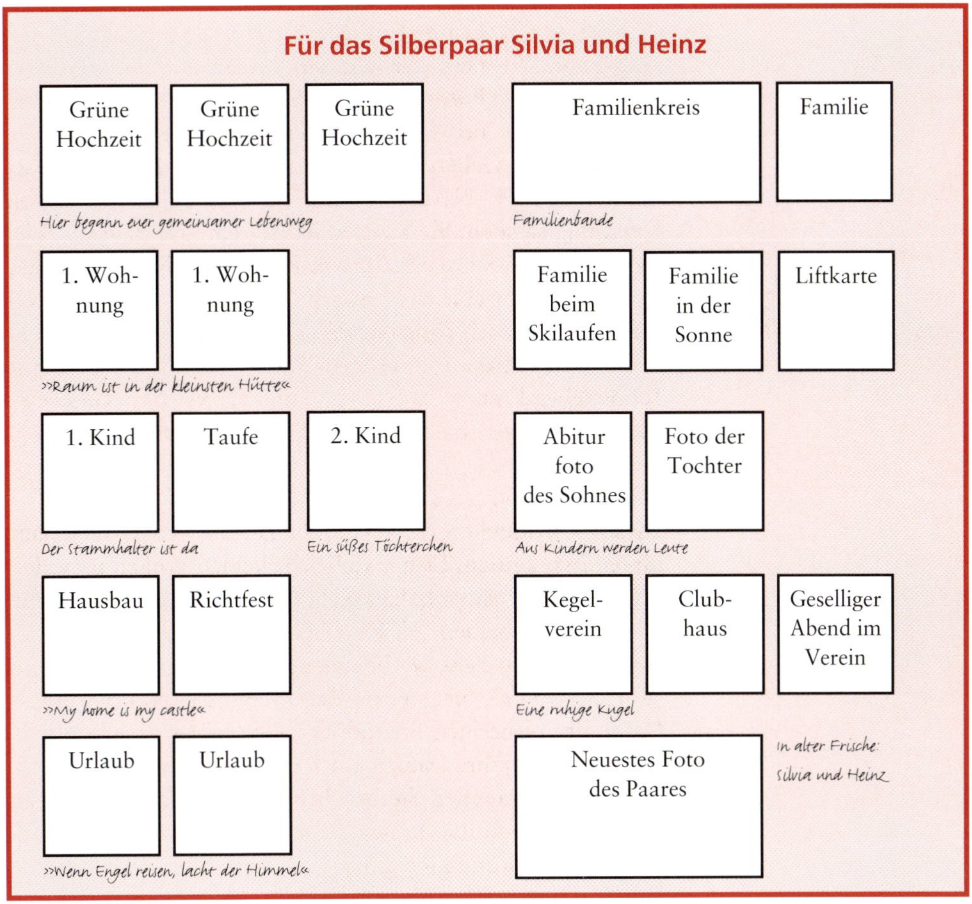

Lustige Geldgeschenke

»Kleingeld«

Wenn man 100 DM originell als »Kleingeld« verschenken will, wechselt man den Schein auf der Bank in einzelne Markstücke und steckt diese in ein lustiges Sparschwein oder ein anderes »Spar-Tier«. Sie finden im Handel Sparschweine in Form von Mäusen, Kraken, Häusern usw.

Natürlich können Sie Ihr Geldgeschenk auch in Form von noch kleineren Münzen verschenken. Warum nicht Pfennige anschleppen? Dafür brauchen Sie allerdings einen großen Behälter, am besten eine Schatztruhe.

Der teure Regenschirm

Sie kaufen einen Schirm, spannen ihn auf und binden an die Metallenden Geldscheine. Beim Überreichen der Geschenke oder während der Feier kann der Schirm aufgespannt und folgender Spruch aufgesagt werden: »Für euch soll immer die Sonne scheinen, und falls es einmal regnet, dann nur Geldscheine.« Wenn Sie das Geschenk verpackt überreichen, weisen Sie in Ihrem angefügten Glückwunsch darauf hin, dass man den Schirm bald aufspannen sollte, und legen Sie einen Zettel mit dem eben zitierten Satz zwischen die Schirmfalten.

Der Blütenkaktus

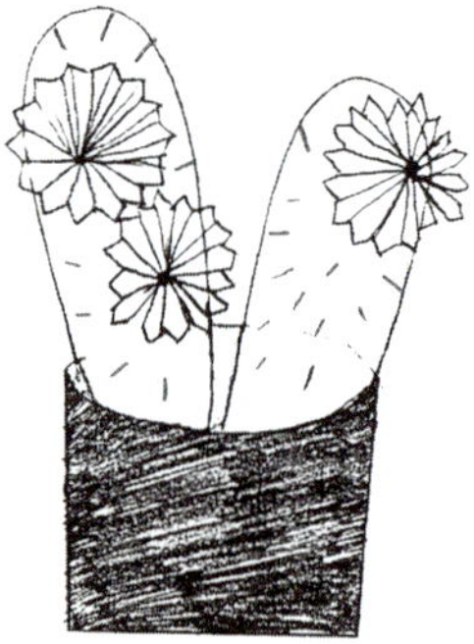

Für dieses Geschenk brauchen Sie einen Blumentopf mittlerer Größe, zwei Gurken und mehrere Geldscheine. Die Gurken kommen in den Topf, der mit Erde gefüllt wird. Die Geldscheine drehen Sie zu »Blüten«, und zwar folgendermaßen: Sie nehmen den Geldschein an der Schmalseite und falten ihn wie eine Ziehharmonika im Abstand von 5 mm abwechselnd nach vorn und nach hinten. Die fertige Zieh-

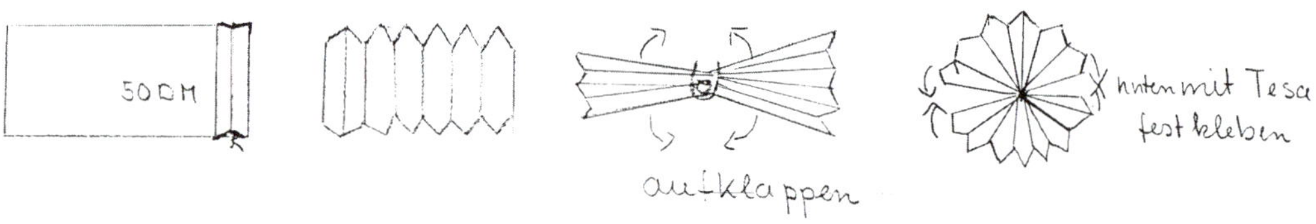

harmonika halten Sie in der Mitte zusammen und klappen die Seiten nach oben und unten auf. So entsteht die »Blüte«, deren beide Enden nun möglichst unsichtbar mit ein bisschen Tesafilm befestigt werden. Mit einem kleinen Stück doppelseitig klebendem Band oder mit Stecknadeln heften Sie Ihre Blüten an die Gurken. Zuletzt stecken Sie noch viele Zahnstocher in die Gurken: Das sind die Stacheln vom Blütenkaktus.
In Zellophan verpackt sieht das Geschenk besonders schön aus.

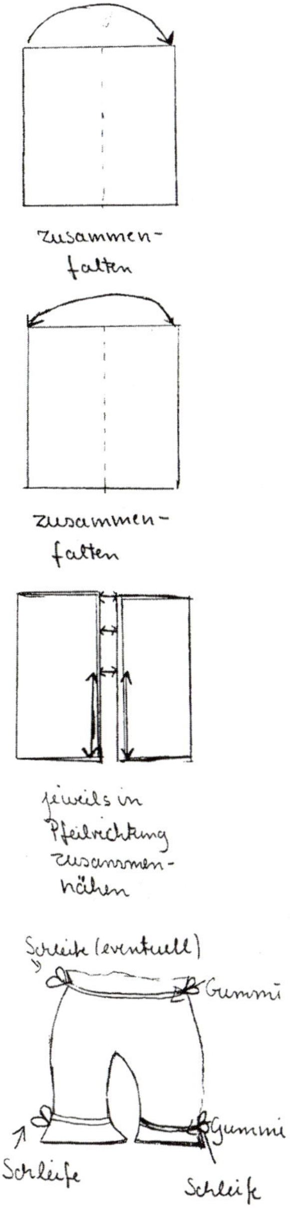

Das coole Geld

Geld in einem Eisblock, das ist eine besonders originelle Idee. Sie eignet sich nur für Gäste, die keine weiten Wege zu bewältigen haben, denn das Geschenk ist schwierig zu transportieren.
Man legt in einen Behälter, der in das Eisfach des Kühlschranks oder in die Gefriertruhe passt, so viele Geldmünzen, wie man verschenken will, am besten Fünf-Markstücke. Der Behälter wird mit Wasser gefüllt und in das Eisfach gestellt. Am Hochzeitstag holen Sie ihn kurz vor der Geschenkübergabe heraus. Falls Ihre Gabe die Zeitspanne einer Trauung in der Kirche oder im Standesamt überstehen soll, muss sie dringend in eine Kühltasche.
Bei der Geschenkübergabe können Sie mit Recht sagen, dass Sie ein »besonders cooles Geschenk« haben.

Unvergessliche Gags

Der Scheuerschlüpfer

Wohl kaum ein Hauptgeschenk, aber ein netter Zusatz für Brautpaar und Gäste!
Diese besondere »Reizwäsche« für die Braut nähen Sie aus zwei Scheuertüchern, die Sie in der Mitte zusammenfalten und zusammennähen. Man kann oben in den Bund und unten an den Hosenbeinen Gummis einziehen und unten an den Außenseiten der Hosenbeine noch schmucke, rote Schleifen einnähen.

Die Flaschendame

Ein nettes Geschenk für den Bräutigam!

Die Dame ist eine Flasche. Anstatt der Arme trägt sie ein Paar Wiener Würstchen. Eine große Kartoffel ist ihr Kopf (vielleicht finden Sie eine mit einer »Nase« in der Mitte), und Krepppapier in zwei Farben bildet ihr Kopftuch, ihr Schultertuch und den Rock. Weiterhin benötigt man farbige Wollfäden für die Haare, ein scharfes Messer, Bindfaden, Tesafilm und Klebstoff sowie Filzstifte in den Farben schwarz, blau und rot.

Bauanleitung: Man legt der Flasche das Paar Wiener Würstel um den Hals und bindet sie vorn mit einem Stück Bindfaden zusammen. Die saubere, trockene Kartoffel höhlt man mit einem scharfen Messer an ihrer Schmalseite so aus, dass sie auf den Flaschenhals aufgesetzt werden kann. Dann umwickelt man die Flasche unterhalb der Wienerle mit einem Stück Krepppapier, das zum Boden der Flasche reicht, und klebt es hinten mit Tesafilm zusammen. Schon besitzt die Dame einen Rock. Aus andersfarbigem Krepppapier schneidet man ein größeres Dreieck, wickelt es als Schultertuch um die Würstel und befestigt es vorne mit Tesafilm.

Der Wollfaden wird in 10-15 ca. 3-4 cm lange Stücke geschnitten und als Pony ganz oben an die Kartoffel ange-

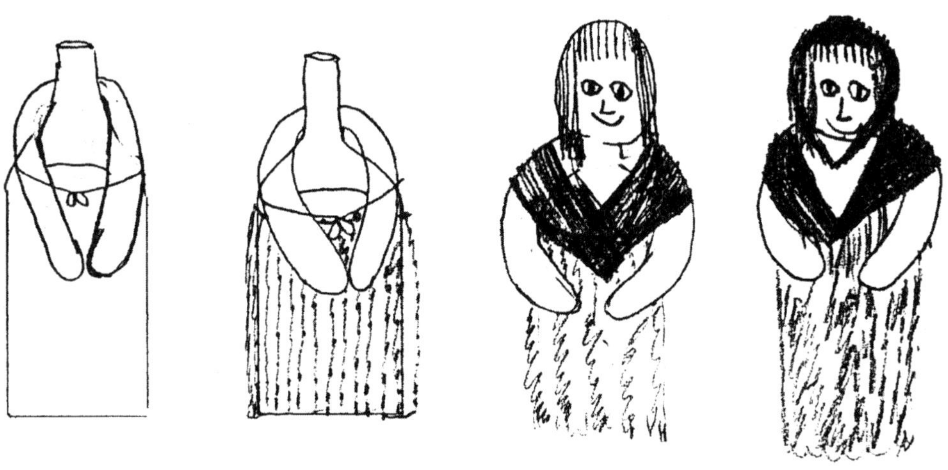

klebt. Wenn die Dame eine Langhaarfrisur bekommen soll, kann man für die Seiten noch jeweils sechs 8 cm lange Haare zurechtschneiden und ankleben. Nun wird der Kartoffel mit den Filzstiften ein Gesicht verpasst.
Als Letztes bekommt sie noch ein Kopftuch. Das kann wieder dieselbe Farbe haben wie der Rock und wird wie das Halstuch in Dreiecksform zugeschnitten, umgebunden und mit Tesafilm befestigt.
Man kann die Dame nun überreichen oder ihr noch ein Gedicht umhängen und dieses bei der Geschenkübergabe vorlesen.
Hier ist ein Vorschlag von mir:

Für den Bräutigam
Da deine Hochzeit ein Ereignis ist,
das du wahrscheinlich nicht so schnell vergisst,
will ich dir noch eine Dame schenken,
nach der sich alle den Kopf verrenken.
Schlanker Hals, voller Bauch,
knackige Arme hat sie auch,
ihr Kopf ist schwer, doch nicht sehr schlau,
aber ihre Augen sind schön blau.
Hast du zu tief in sie geschaut,
wirst du lustig und auch laut.
Nun denke nach, wer wird sie sein?
Du willst doch keine Flasche sein.

Das Schnitzel-Geschenk
Das Brautpaar muss hier sein Geschenk bei einer Schnitzeljagd suchen. Es bekommt einen Umschlag mit einem Zettel. Darauf steht der Ort beschrieben, an dem sich das Geschenk befindet. Das Brautpaar begibt sich dahin und findet wieder einen Umschlag mit einem Zettel. So zieht das Paar herum, so lange man möchte – und meistens zieht die Hochzeitsgesellschaft mit. Wichtig: Das Geschenk sollte sich an einem

»sicheren« Ort befinden. Eine Parkbank eignet sich z. B. nicht, denn dann könnte es entwendet werden. Sichere Orte sind alle Plätze in der Wohnung der Eltern oder Schwiegereltern.
Wenn Sie dieses Spiel zu einer Art Rallye ausbauen, d. h. das Brautpaar nicht nur durchs Haus, sondern durch die Stadt schicken wollen, müssen Sie vorher klarstellen, ob Sie damit nicht den Festverlauf stören. Ansonsten kann das Brautpaar auch am folgenden Tag suchen.